VAKANTIEBOEK VOOR PROFESSIONALS EN MANAGERS

BIJLEZEN, QUIZZES & TESTS, TRENDS & TIPS, FUN & FACTS

business contact

INHOUD

INSPIRATIE

WEETJES

LEES JE UP-TO-DATE

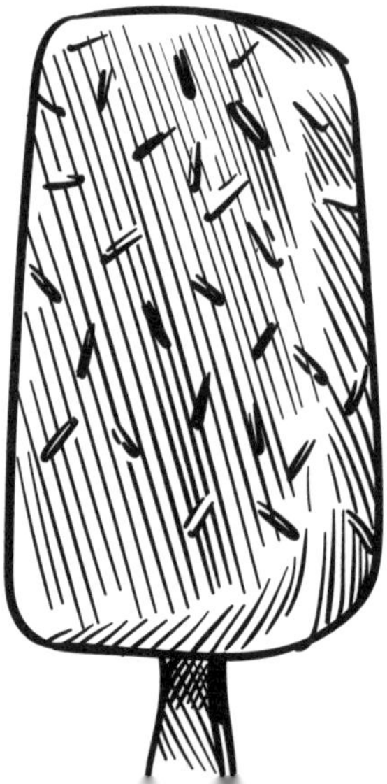

ONTSPANNEN

LEZEN

TESTS, TIPS & TRICKS

HET LEVEN
IS DE KUNST
VAN TEKENEN
ZONDER TE
GUMMEN.

SPAANS GEZEGDE

Beste lezer,

Het afgelopen jaar hoorden we steeds vaker verhalen van mensen die ervoor kozen om uit de mallemolen van de prestatiemaatschappij te stappen. 'Quiet quitters' besloten om niet langer te streven naar het beste, maar akkoord te gaan met goed genoeg. Uitklokken om vijf uur, niet meer in het weekend de werktelefoon opnemen: quiet quitters doen waarvoor ze betaald worden en meer niet.
Dat klinkt best redelijk. En toch is er iets aan het idee van quiet quitting dat knaagt. Want hoe zit het dan met ambitie? Met dromen waarmaken door daar hard voor te werken? Hoe kunnen we ons verlangen naar wat meer rust verenigen met ons diepgewortelde geloof in maakbaarheid en vooruitgang? Het zijn wezenlijke vragen. En hoewel vakantie een tijd voor reflectie is, willen we ook niet té hard hoeven nadenken op ons strandbedje, in de achtertuin of voor de tent. Dus besloot de redactie de denklast uit te besteden aan een fenomeen dat afgelopen jaar misschien nog wel meer stof deed opwaaien dan de quiet quitters: ChatGPT.

We vroegen de Kunstmatige Intelligentie hoe maakbaarheid en quiet quitting zich tot elkaar verhouden, en of AI ons misschien uit deze spagaat kan helpen. Tot onze verrassing produceerde ChatGPT een waar essay, dat op de volgende pagina's te lezen is. Maar biedt het ons ook de inzichten waar we zo naar smachten? Of moeten we concluderen dat we toch beter ons Niet-Kunstmatige Intelligente hersens moeten laten kraken? Lees, en oordeel zelf.

De rest van de stukken in dit vakantieboek zijn zoals gewoonlijk geschreven door schrijvers van vlees en bloed. We hopen dat ze je vermaken, informeren en inspireren – op vakantie en op je werk.

De redactie

Reacties welkom

@BUSINESSCONTACT #VAKANTIEBOEK OF MAIL NAAR START@BUSINESSCONTACT.NL

EEN *kunstmatig intelligente* INLEIDING

In de moderne samenleving wordt vaak het idee van maakbaarheid omarmd, waarbij individuen worden aangemoedigd om hun leven te vormen en hun doelen te bereiken door hard te werken en vol te houden. Dit concept van maakbaarheid wordt vaak geassocieerd met succes, waarbij mensen die slagen worden geprezen en gezien als voorbeelden om na te streven. Echter, er bestaat ook een tegenhanger van maakbaarheid, die bekendstaat als 'quiet quitting'. Dit is het idee dat het soms beter is om op te geven en je te richten op andere doelen, in plaats van vast te houden aan iets wat misschien nooit zal werken.

Allereerst is het belangrijk om te begrijpen waarom maakbaarheid zo'n aantrekkelijk idee is voor zoveel mensen. Het idee van maakbaarheid gaat uit van de gedachte dat als je hard genoeg werkt en volhoudt, je alles kunt bereiken wat je wilt. Dit idee kan zeer motiverend zijn en kan mensen aansporen om te streven naar ambitieuze doelen. Het kan ook leiden tot een gevoel van trots en voldoening wanneer iemand inderdaad slaagt in het bereiken van zijn of haar doelen.

Maar er is ook een keerzijde aan het idee van maakbaarheid. Als mensen geloven dat ze alles kunnen bereiken wat ze willen als ze maar genoeg moeite doen, kan dat leiden tot teleurstelling en schuldgevoelens wanneer ze niet slagen. Mensen kunnen zichzelf de schuld geven van hun mislukkingen, en denken dat ze niet hard genoeg hebben gewerkt of dat ze niet slim genoeg zijn om te slagen. Dit kan leiden tot gevoelens van falen en een gebrek aan eigenwaarde.

Bovendien kan het idee van maakbaarheid ook leiden tot een gebrek aan realisme. Het is niet altijd mogelijk om alles te bereiken wat je wilt, hoe hard je ook werkt. Soms zijn er externe factoren die het succes in de weg staan, zoals een slechte economie of een gebrek aan middelen. Soms zijn er ook interne factoren die het succes bemoeilijken, zoals een gebrek aan talent of motivatie. Het kan moeilijk zijn om toe te geven dat deze factoren een rol spelen in ons leven en dat we niet alles kunnen hebben wat we willen.

Daarom kan het idee van quiet quitting een belangrijke rol spelen in het leven van mensen. Quiet quitting gaat uit van de gedachte dat het soms beter is om op te geven en je te richten op andere doelen, in plaats van vast te houden aan iets wat misschien nooit zal werken. Dit kan leiden tot een gevoel van bevrijding en verlichting, omdat het mensen toestaat om hun inspanningen te richten op doelen die haalbaar en realistisch zijn, in plaats van vast te houden aan dromen die nooit uit zullen komen.

In de praktijk kan het idee van quiet quitting moeilijk zijn om te accepteren, vooral als we gewend zijn om te geloven in maakbaarheid en volharding. Het kan moeilijk zijn om toe te geven dat we niet alles kunnen bereiken wat we willen en dat sommige doelen misschien niet haalbaar zijn. Het kan ook moeilijk zijn om te stoppen met iets waar we hartstochtelijk aan hebben gewerkt en ons leven op hebben gebaseerd.

Maar het accepteren van het idee van quiet quitting kan ons uiteindelijk helpen om een gebalanceerder en realistischer beeld van het leven te hebben. We kunnen ons richten op de doelen die echt belangrijk zijn en ons concentreren op de dingen die ons gelukkig maken, in plaats van te proberen alles te doen.

Hoewel de kloof tussen maakbaarheid en quiet quitting complex en diepgeworteld kan zijn, kan kunstmatige intelligentie (AI) en ChatGPT een rol spelen bij het dichten van deze kloof. Een manier waarop AI kan helpen, is door middel van gepersonaliseerde begeleiding en feedback. Met behulp van AI kunnen mensen hun doelen realistischer en specifieker maken, waardoor ze meer kans hebben om succesvol te zijn. AI kan ook feedback geven over de voortgang van de persoon en suggesties doen om hun aanpak te verbeteren. Door deze gepersonaliseerde ondersteuning kan AI mensen helpen hun doelen te bereiken zonder vast te houden aan onhaalbare doelen en zichzelf te veroordelen als ze niet slagen.

Een ander potentieel nuttig gebruik van AI is bij het herkennen van wanneer mensen vastzitten in een patroon van onrealistische verwachtingen en onhaalbare doelen. AI kan de gebruiker helpen om te erkennen wanneer hij/zij zichzelf overbelast, en kan suggesties doen voor manieren om het leven meer in balans te brengen en meer haalbare doelen te stellen.

ChatGPT kan ook een rol spelen bij het dichten van de kloof tussen maakbaarheid en quiet quitting. Met behulp van ChatGPT kunnen mensen hun gedachten en gevoelens uiten zonder angst voor veroordeling of oordeel. ChatGPT kan de gebruiker helpen bij het identificeren van onrealistische verwachtingen en het ontwikkelen van haalbare doelen. Door deze open communicatie kan ChatGPT de gebruiker helpen om een realistischer beeld van het leven te ontwikkelen en zich te concentreren op de doelen die echt belangrijk zijn.

Een ander nuttig gebruik van ChatGPT is bij het bieden van emotionele ondersteuning en aanmoediging aan mensen die worstelen met het accepteren van het idee van quiet quitting. Door het bieden van empathie en bemoediging kan ChatGPT mensen helpen om hun angsten en onzekerheden te overwinnen en zich te concentreren op de doelen die echt belangrijk zijn.

Een belangrijke overweging bij het gebruik van AI en ChatGPT bij het dichten van de kloof tussen maakbaarheid en quiet quitting is dat deze technologieën geen vervanging zijn voor menselijke interactie en ondersteuning. Hoewel AI en ChatGPT nuttige hulpmiddelen kunnen zijn, is het nog steeds belangrijk dat mensen persoonlijke relaties hebben en ondersteuning krijgen van familie, vrienden en professionals.

Bovendien moet er aandacht worden besteed aan de manier waarop deze technologieën worden ontworpen en ingezet. AI en ChatGPT moeten worden ontwikkeld met een holistisch begrip van het leven en de menselijke ervaring. Het is belangrijk dat deze technologieën worden ontworpen met aandacht voor de complexiteit en diversiteit van menselijke ervaringen en dat ze niet leiden tot meer onrealistische verwachtingen en druk op mensen.

In conclusie, de kloof tussen maakbaarheid en quiet quitting is een complexe en diepgewortelde uitdaging. Hoewel AI en ChatGPT een rol kunnen spelen bij het dichten van deze kloof, moeten ze worden ingezet als aanvullende hulpmiddelen naast persoonlijke interactie en ondersteuning. Het is belangrijk om te erkennen dat niet alles maakbaar is en dat er waarde zit in het leren accepteren van de grenzen van wat haalbaar is. Het is ook belangrijk om te erkennen dat stilzwijgend stoppen met iets niet per se een mislukking is, maar vaak een teken van wijsheid en volwassenheid.

WAT ER GEBEURT ALS JE NIET DENKT

Er zijn altijd manieren om manipulerende mensen te herkennen. Maar het eerste waarschuwingssignaal is soms moeilijk te zien. Manipulatieve tactieken proberen je te laten overgaan op de Alligatormodus zodat je reageert zonder de situatie rationeel te beoordelen. Behendige manipulatoren creëren een sfeer van turbulentie die ervoor zorgt dat je instinct voor zelfbescherming zich tegen je keert.

In haar boek *Invloed is je superkracht* beschrijft Zoe Chance negen signalen van manipulatie. Los van elkaar zijn ze niet heel erg schokkend, maar als je een van deze signalen opmerkt, doe je er verstandig aan om op je hoede te zijn voor andere. Een ervan is 'de roes'.

Wat dacht je in vredesnaam toen je je bankgegevens aan een vreemde gaf? Of toen je om tien uur 's avonds naar iemands hotelkamer ging voor een 'zakelijke bespreking'? Of toen je al je geld aan een student gaf die zijn portemonnee was kwijtgeraakt en studieboeken moest kopen? We hebben allemaal zulke verhalen, en het antwoord op die vraag 'Wat dacht je in vredesnaam?' zou je wel eens kunnen verbazen.

Je dacht *niet*. In elk geval niet zoals je dat gewend bent te doen. Een oplichter beschreef zijn strategie tegenover Doug Shadel in diens boek *Outsmarting the Scam Artists*: 'Ik was een meester in het sluiten van de deal. Mijn eerste doel was altijd om het slachtoffer "in een roes" te brengen, een licht verwarde toestand waarin je emoties opspelen en je zo geagiteerd bent dat je de situatie niet goed kunt inschatten. Als ik je eenmaal in die toestand heb gebracht, maakt het niet meer uit hoe slim je bent. Intelligentie maakt geen schijn van kans tegen de roes.'

Deze staat van verwarring verklaart waarom we ons vaak bizar gedragen in een crisis. Een politieman die per ongeluk zichzelf had neergeschoten, belde herhaaldelijk 411 voordat hij de telefonist vroeg hem door te verbinden met 911, het echte noodnummer. En toen het gebouw waarin ze werkten op 11 september 2001 was geraakt door een vliegtuig, gingen veel mensen nog een halfuur hun spullen bij elkaar zoeken en hun familie bellen voordat ze eindelijk probeerden de uitgang te bereiken.

Oplichters en andere manipulerende types brengen ons doelbewust in verwarring om ervoor te zorgen dat we niet helder kunnen nadenken. Het probleem wordt nog verergerd door het feit dat je het niet doorhebt als je in een roes bent. Je bent dan als iemand die dronken is maar zelfverzekerd zijn autosleutels pakt; je zit zonder het te weten op een ander bewustzijnsniveau. De beslissingen die je achteraf zo moeilijk kunt verklaren, worden veroorzaakt door de roes.

Elke grote golf van emotie kan je in die kwetsbare toestand brengen. Ik werd een keer wakker gebeld; het was een onbekend nummer in Mexico. Ik nam op en hoorde een man met een vet accent. Hij sprak snel en geagiteerd. 'Uw broer heeft een vreselijk auto-ongeluk gehad.'

Nee! Mijn hart bonsde in mijn keel en mijn keel was droog.

'Hij is bewusteloos en wordt naar het ziekenhuis vervoerd.'

Wíé had er precies een ongeluk gehad? Bedoelde hij mijn zus, Mika? Ik dacht dat ze thuis was, in Philadelphia. Of was ze op reis? Ik was verward en bang en zat wanhopig verlegen om hulp. Ik zei: 'Ik heb geen broer, maar vertel me wat...' Er werd opgehangen. Als de oplichter op dat moment was begonnen over mijn zus, had hij me alles kunnen wijsmaken.

Ook hebzucht is bij uitstek geschikt om een roes te genereren. Upton Sinclair schreef: 'Het is moeilijk om iemand iets uit te leggen als zijn salaris afhankelijk is van zijn onbegrip.' Ook lust brengt mensen makkelijk in een roes. En woede. 'Geloof het of niet,' pochte een van de oplichters in Shadels boek, 'maar ik heb grote successen geboekt met ontevreden klanten die belden om tegen me te schreeuwen omdat ik tegen hen had gelogen over het product. Ik liet die mensen uitrazen en dan sloeg ik mijn slag en sloot ik de deal. Emotie is emotie. Woede is net zo bruikbaar als opwinding of angst.'

Een roes kan ook fysiek worden opgewekt. Recent onderzoek bevestigt wat priesters, sjamanen, generaals en sekteleiders al eeuwenlang weten: dat mensen plooibaarder worden als ze bezig zijn met gesynchroniseerde ritmische activiteiten als drummen, marcheren, dansen of gezamenlijke gezangen. Omdat ze energie tanken en een gevoel van saamhorigheid ervaren, zijn ze vatbaarder voor externe manipulatie. De roes wordt nog versterkt als ritmische groepsactiviteiten worden gecombineerd met harde muziek die het brein op hol brengt, stroboscopisch licht of slaapdeprivatie. Opwinding, euforie, angst, verwarring, saamhorigheid en spirituele vervoering: al die toestanden bemoeilijken helder nadenken. De roes kan ons allen op elk moment tot een slachtoffer maken, hoe slim we ook zijn.

'There's NO PLACE like home'

HOTEL

Naam: ....

INCLUSIEF

- ✓ Slapen
- ✓ Onbeperkt eten en drinken
- ✓ Wekelijkse schoonmaak
- ✓ Dagelijks schone handdoeken
- ✓ Toiletartikelen
- ✓ Was- en strijkservice
- ✓ Taxi-service
- ✓ Huiswerkbegeleiding
- ✓ Sportabonnement
- ✓ Wifi
- ✓ Diverse streamingsdiensten, waaronder: Netflix, Spotify, FoxSports
- ✓ Telefoonabonnement
- ✓ Zak- en kleedgeld

ALL INCLUSIVE | 24/7

★★★★★

EXTRA SERVICES

Onderstaande services vallen niet onder de standaard verzorging. Wilt u er toch gebruik van maken? Geen probleem! Wij brengen hier echter wel extra kosten voor in rekening. Betalen gaat heel gemakkelijk: onze butlers zullen u hiervoor automatisch een tikkie sturen.

Jas ophangen	€ 1,00
Schoenen opruimen	€ 1,00
Tas opruimen	€ 1,00
Vuile vaat in vaatwasser	€ 1,00
Eten terugzetten in (koel)kast	€ 1,00
Bed opmaken	€ 1,00
Wc-rol vervangen (inclusief oude rol weggooien)	€ 1,00
Bed opmaken	€ 1,00
Handdoek opruimen	€ 0,50 (per stuk)
Was in de wasmand	€ 0,50 (per item)
Troep in prullenbak	€ 0,50 (per item)
Licht uitdoen	€ 0,50

Tot slot: het is helaas NIET toegestaan om opladers mee te nemen uit andere kamers.

Wij wensen u een prettig verblijf!

Bron: Michal Janssen | kletsboek.nl | doorjanssen.nl

JE *belangrijkste* WERK LIGT ALTIJD VOOR JE

In *Leven in Crescendo*, het boek dat zijn dochter Cynthia nog samen met hem begon te schrijven, en afmaakte toen hij al jaren was overleden, schrijft Stephen Covey het volgende over zijn grootvader Stephen L. Richards.

Mijn grootvader was net zo succesvol in zijn privéleven als in zijn openbare leven. Waarschijnlijk heeft niets van wat ik van hem heb geleerd meer invloed op me gehad dan zijn krachtige principe: 'Het leven is een missie, geen carrière.'

Terwijl we onze vaardigheden, overtuigingen, talenten, passies, mogelijkheden, tijd, middelen – alles wat we zijn – aan het ontdekken zijn, zullen we uiteindelijk onze eigen unieke missie vinden. Als we goed luisteren en vaker ons geweten volgen, zullen we steeds beter in staat zijn om te bepalen wie we moeten helpen en wat we moeten doen. Dat antwoord zullen we vinden.

Dit betekent dat je niet toestaat dat sociale media, de entertainmentindustrie, je buurman, vriend, slager, bakker, kaarsenmaker of zelfs je schoonheidsspecialiste bepalen wat succes voor jou is. Succes betekent voor iedereen wat anders. Je moet je definitie van succes afstemmen op je waarden. Toon je integriteit door trouw te zijn aan wie je bent.

Sommige universele beginselen worden door de meeste mensen algemeen aanvaard en overstijgen cultuur en geografie: eerlijkheid, rechtvaardigheid, fatsoen, loyaliteit, respect, zorgzaamheid, integriteit, enzovoort. Net zoals het ware noorden op een kompas zijn ze objectief en extern en weerspiegelen ze natuurwetten en geen subjectieve of innerlijke waarden.

Een kompas biedt een richting, doel, visie, perspectief en evenwicht. Hoe beter onze waarden zijn afgestemd op de juiste principes, hoe nauwkeuriger en nuttiger ze zullen zijn. En als je weet hoe je moet kaartlezen, zul je niet verdwalen, in de war raken of voor de gek worden gehouden door tegenstrijdige geluiden en waarden. Het is belangrijk om je doel en missie te ontdekken ten aanzien van je gezin, je beroep, je gemeenschap of welke andere rol je ook vervult. Je moet dan leven in overeenstemming met dat doel. Met name als je op middelbare leeftijd bent, moet je als je door de pieken en dalen van het leven gaat, vertrouwen op je morele kompas om je te leiden en richting te geven. Leven met de crescendomentaliteit betekent dat je de leiding neemt en reageert op wat er met je gebeurt door je situatie te verbeteren of te veranderen – te geloven dat je op middelbare leeftijd positieve keuzes kunt maken en je paradigma kunt veranderen van een moeizame en zelfs stagnerende periode naar een leven vol groei en vervulling.

Echt geloven dat 'je belangrijkste werk altijd voor je ligt', zal je de motivatie geven om te blijven proberen, leren, veranderen en je aan te passen aan nieuwe uitdagingen en tijdelijke tegenslagen. Door geloof te hebben en proactief te reageren kun je weer aan het roer staan van je eigen leven en je eigen spannende koers bepalen, of dat nu op middelbare leeftijd is of niet.

TEST

GOED *van* VERTROUWEN?

Hoe werkt een team aan vertrouwen? Helaas kan vertrouwen dat gebaseerd is op kwetsbaarheid niet snel tot stand worden gebracht. Daarvoor zijn gedeelde ervaringen nodig als het nakomen van afspraken, herhaaldelijk gebleken geloofwaardigheid en een wezenlijk begrip van de unieke eigenschappen van de teamleden. Patrick Lencioni houdt zich hier al zijn hele leven mee bezig en schreef er onder meer zijn bestseller *De vijf frustraties van teamwork* over. In welke van de twee herken jij jouw team?

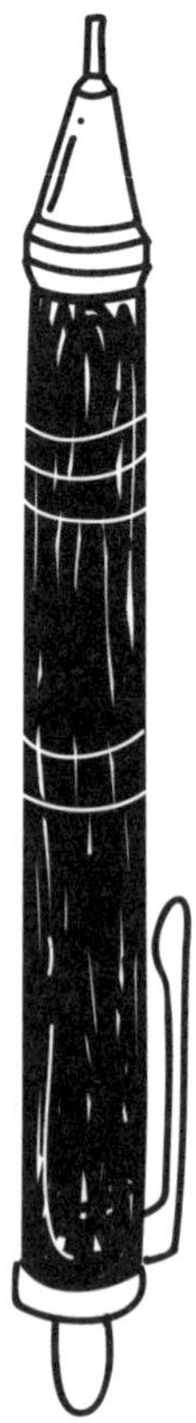

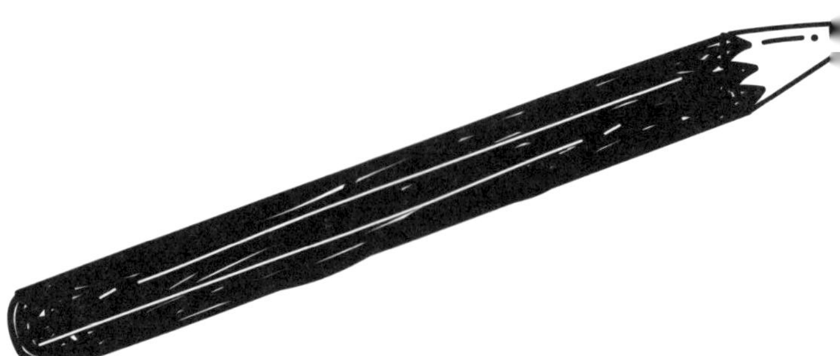

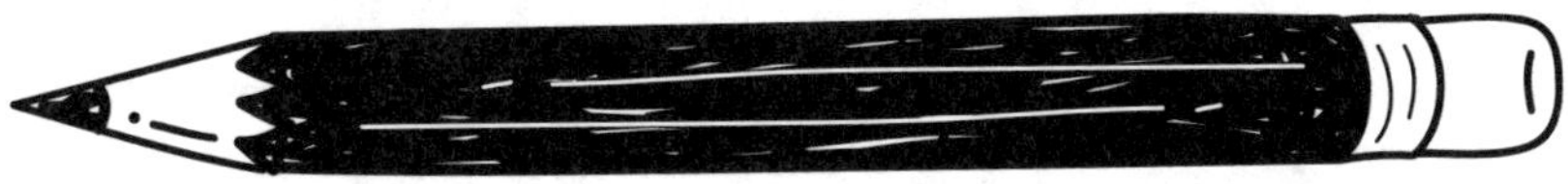

Leden van teams waarin het aan vertrouwen ontbreekt:

☐ verbergen zwakheden en fouten voor elkaar;

☐ aarzelen bij het vragen van hulp of het geven van opbouwende feedback;

☐ aarzelen hulp aan te bieden buiten het terrein waarvoor ze verantwoordelijk zijn;

☐ staan meteen met conclusies klaar over de intenties en neigingen van anderen, zonder dat ze proberen daarover eerst duidelijkheid te krijgen;

☐ slagen er niet in vaardigheden en ervaringen bij anderen te herkennen en daarvan gebruik te maken;

☐ verspillen tijd en energie bij hun pogingen hun doelen te realiseren;

☐ zijn wrokkig;

☐ hebben een afkeer van vergaderingen en hebben altijd wel een reden om iets niet samen te doen.

Leden van teams waarin vertrouwen heerst:

☐ geven hun zwakheden en fouten toe;

☐ durven om hulp te vragen;

☐ accepteren vragen en de inbreng van anderen op het terrein waarvoor ze zelf verantwoordelijk zijn;

☐ gunnen elkaar het voordeel van de twijfel voordat ze tot een negatieve gevolgtrekking komen;

☐ nemen risico's bij het aanbieden van feedback en hulp;

☐ waarderen en benutten de vaardigheden en ervaringen van anderen;

☐ steken tijd en energie in belangrijke zaken, niet in politieke spelletjes;

☐ bieden verontschuldigingen aan en accepteren die ook zonder aarzelen;

☐ zien uit naar vergaderingen en andere gelegenheden om als groep te kunnen optreden.

VERTROUWEN GEVEN *is* VERTROUWEN KRIJGEN

De woorden 'vertrouw me' zijn zo vaak misbruikt, dat ze bij vrijwel iedereen argwaan wekken. Het zijn immers juist oplichters en politici die hun toehoorders op het hart drukken dat ze te goeder trouw zijn.

Hoe kun je dan wél het vertrouwen van anderen winnen? Vooral door het zelf te géven. Jonge dieren weten instinctief wat ze moeten doen om zichzelf veilig te houden, namelijk hun kwetsbaarste lichaamsdelen tonen: hun buik en hun keel. Niemand kan weerstand bieden aan dit charmeoffensief. De dieren 'zeggen' hiermee eigenlijk 'ik vertrouw jou'. En wat je geeft, krijg je terug. Juist door precies te laten zien waar ze zwak zijn, verzekeren ze zichzelf van de bescherming van grotere dieren (en mensen).

Kwetsbaarheid is ook voor mensen de grote verbinder. Niemand herkent zich in perfectie. Het heeft daarom geen zin om de schone schijn op te houden. Dat schept alleen maar afstand en wantrouwen. Juist door te tonen dat je feilbaar bent, kunnen anderen opgelucht ademhalen en voelen ze de ruimte om ook hún blunders of zwakke plekken toe te geven. En dan kun je samen beter worden; leren van elkaars fouten en elkaar aanvullen waar nodig.

Wil je iemand laten weten dat hij van jou op aan kan, benoem dan je twijfel of biecht een gênant geheim op. De ander zal zich gevleid voelen dat je je diepste zielenroerselen deelt, en zich zo veilig wanen dat je in een mum van tijd meer over hem of haar weet dan over je eigen moeder.

MANDALA

Stap uit de mallemolen van het werkende leven en pak je kleurpotloden erbij voor een ouderwetse, fysieke ervaring.

LIEGEN *tegen* GOOGLE

Wil jij je beter voelen over je gebruik van digitale technologie? Wil jij een wereld met betere digitale technologie? Wil jij digitale technologie waarin jouw waarden centraal staan? Wil jij niet langer passief toekijken, maar actie ondernemen? Wil je antwoord op de vraag: wat kan ik eraan doen? Dan hoef je alleen maar de digitale gremlin in jezelf wakker te kussen. In *Digitale gremlins* vertelt technofilosoof Rens van der Vorst je hoe je dat doet.

Over digitale gremlins

Een digitale gremlin is de moderne versie van de gewone gremlin. Die ken je waarschijnlijk wel uit de iconische kerstfilm uit 1984. In die film zetten groene, haarloze monstertjes een Amerikaans stadje op stelten. Het zijn technische monstertjes. Ze maken auto's onklaar, laten magnetrons ontploffen en veranderen blenders en ventilators in dodelijke wapens.

Over gremlins wordt al eeuwenlang gepraat. In volksverhalen uit de negentiende eeuw leefden ze in de bossen van Engeland en werden ze soms gevangen door wijze weduwen, die ze als huisdier hielden. Ook in die verhalen waren gremlins klein en gespecialiseerd in het saboteren van dingen. Het woord 'gremlin' komt naar alle waarschijnlijkheid uit het Oudengels en betekent zoiets als vervelen of ergeren.

Roald Dahl maakte de gremlins wereldberoemd. Dahl, zelf in de eerste jaren van de Tweede Wereldoorlog piloot in de Royal Air Force, kende de verhalen van de kleine monsters, die met hun grijpgrage klauwtjes rommelden aan de vliegtuigen, als geen ander. In 1943 verscheen zijn boek *The Gremlins*. De timing was perfect. Amerika was net betrokken geraakt bij de Tweede Wereldoorlog en Amerikaanse kinderen verslonden de verhalen.

Gremlins hebben een slechte reputatie, maar dat is niet altijd terecht. Ze vervullen vaak ook een functie. Tijdens de Tweede Wereldoorlog gaven piloten en monteurs bij motorstoringen vaak de schuld aan gremlins in plaats van aan elkaar. Zo'n gezamenlijke, ongrijpbare vijand bleek goed voor het moreel.

Daarnaast is het lang niet altijd slecht dat technologie niet werkt. Een gremlin kan ook de bladblazer van de buurman die elke zondagmorgen in alle vroegte zijn stoepje schoonblaast onklaar maken. Of voorkomen dat een pijpbom ontploft.

Gremlins, wil ik maar zeggen, kunnen ook nuttig zijn. Je moet ze alleen een beetje africhten. In een wereld waarin we omringd worden door digitale technologie, die lang niet altijd het beste met ons voorheeft, is er daarom behoefte aan een speciale variant: digitale gremlins.

Door de digitale gremlin in jezelf wakker te schudden kijk je niet langer passief toe. Je onderneemt actie. Je past je gedrag een beetje aan. Je saboteert het systeem. Daar hoef je niet technisch voor te zijn. Iedereen kan meedoen. Het is leuk. En het gevolg is dat jij je beter voelt en dat als heel veel mensen het doen, de grote technologiebedrijven het gaan merken en opnieuw moeten nadenken over hun digitale technologie. Of dat de manier waarop we met zijn allen digitale technologie gebruiken net wat prettiger wordt.

Digitale gremlins zijn niet eerlijk tegen Google

Hoe word je nou een digitale gremlin? Laten we beginnen aan de top: bij de zoekmachine van Google.

Als het over data gaat, dan is Google rupsje-nooit-genoeg. Google verzamelt obsessief data over ons, meestal zonder het aan ons te vragen. Dat gebeurt op allerlei manieren: via het besturingssysteem op onze smartphones, via Gmail, via YouTube, via slimme energiemeters en slimme speakers. Maar ook en vooral via de zoekmachine. Google registreert waar wij naar zoeken.

Steeds als we zoeken, leren wij iets van Google, maar Google leert dus ook steeds beter wie wij zijn. En dat is een probleem. Laat ik uitleggen waarom.

Op een dag word je wakker met een ondraaglijke jeuk in je schaamstreek. Wat doe je? Krabben? Zeker. En dan? Aan je partner vertellen? Je moeder? Je huisarts? Of toch eerst aan Google?

Waarschijnlijk het laatste. Google is direct voorhanden, oordeelt niet en geeft je ook nog eens nuttige informatie over de mogelijke oorzaak van de jeuk. Maar is dat wel zo verstandig? In plaats van aan de mensen van wie je houdt of aan je huisarts, die een eed heeft afgelegd, vertel je over je jeuk aan een commercieel Amerikaans bedrijf dat jouw vraag zorgvuldig registreert. Aan een bedrijf dat je waarschijnlijk ook nog eens iets wil verkopen – een zalfje bijvoorbeeld.

En toch vinden we het blijkbaar makkelijker om gevoelige informatie te delen met Google. De witte zoekbalk is zo ongeveer de enige plaats waar we volstrekt eerlijk zijn. De reden mag duidelijk zijn: Google beloont ons voor onze eerlijkheid.

Stel, een enquête vraagt of je wel eens vreemdgaat. De enquête is gegarandeerd anoniem. Toch zullen veel vreemdgangers ontkennend antwoorden. Waarom? Simpel, omdat mensen liegen tegen zichzelf – én, belangrijker, een eerlijk antwoord levert niets op. Dus waarom zou je eerlijk zijn?

Type echter 'vreemdgaan' in op Google en je wordt rijkelijk beloond, misschien wel op manieren die je je voorheen niet had kunnen voorstellen. Er zijn speciale datingsites voor vreemdgangers, websites vol met tips en je kunt zelfs op verschillende plaatsen een geloofwaardig alibi kopen. Eerlijk zijn tegen Google betaalt zich meteen uit en precies daarom zijn mensen eerlijk tegen Google.

Sterker nog, mensen zijn ontzéttend eerlijk tegen Google. Misschien nog wel eerlijker dan tegen zichzelf. Google weet dat. Als je op Google zoekt op 'zelfmoord', dan krijg je meteen groot op je scherm 'hulp is beschikbaar' en een telefoonnummer. Google is erg met ons begaan. Het beseft heel goed dat mensen die op Google zoeken op 'zelfmoord' dat serieus menen.

Het vreemde is wel dat Google zich heel anders gedraagt als je zoekt naar 'Hoe pleeg ik de perfecte moord?' of 'Hoe word ik een goede fascist?' of 'Waar koop ik cocaïne?' of 'Kun je een flesje bier openen met je kont?' Dan voorziet Google je binnen de seconde van allerlei tips, handleidingen, adressen en YouTube-instructievideo's.

Google probeert zelfmoord te voorkomen, maar snuivende fascisten met moordneigingen en ongeopende bierflesjes in hun anus worden van advies voorzien en aangemoedigd. Hoe zit dat?

Zou het misschien eigenbelang zijn? Veel onderzoeken suggereren dat depressieve mensen meer naar hun schermen staren. Het is niet duidelijk of je depressief wordt van schermstaren of vice versa, maar er is onmiskenbaar een relatie. Depressiviteit is daarmee uitstekend voor het bedrijfsmodel van technologiebedrijven. Zelfmoord is dat niet. Dode mensen produceren geen data.

Het gevolg hiervan is dat Google vaak als eerste weet wat we van plan zijn. Google kent onze allerdiepste geheimen. Met Google Trends kun je precies zien waar en hoe vaak op iets gezocht wordt. Dat is vaak ontluisterend. We zeggen bijvoorbeeld dat we geen verschil maken tussen onze zonen en dochters, maar we googelen veel vaker op 'Is mijn zoon hoogbegaafd?' dan op 'Is mijn dochter hoogbegaafd?' En we zoeken dan wel weer vaker op 'Is mijn dochter te dik?' dan op 'Is mijn zoon te dik?' We zoeken veel en vaak naar racistische grappen.

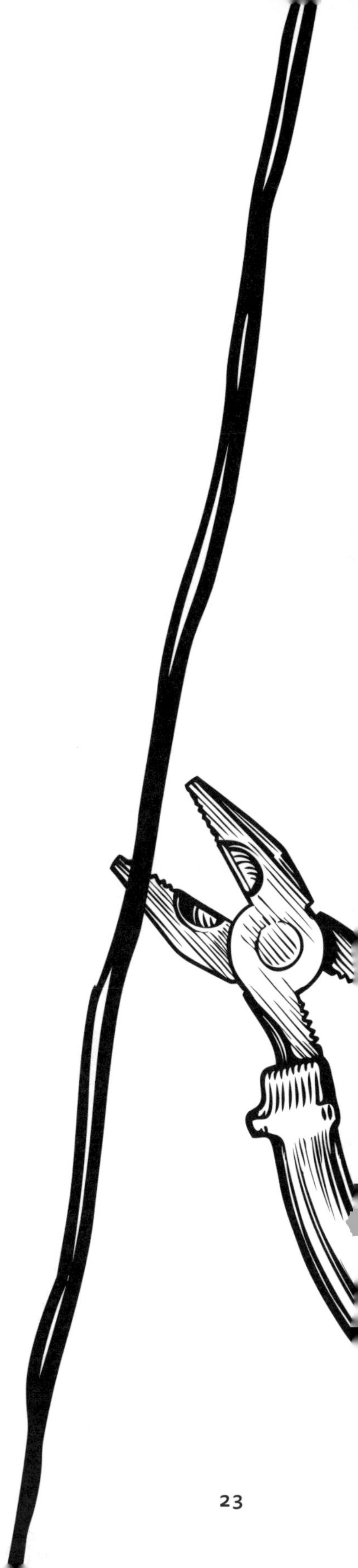

'Plasseks' is populair in Drenthe en combineren we soms met 'Patricia Paay', maar nog veel vaker met 'oma'. 'Ben ik onzeker?' wordt ook vaak ingetypt. Antwoord: jazeker.

Een digitale gremlin vindt dat Google helemaal niets te maken heeft met wat we écht denken en voelen. Daarom zijn digitale gremlins niet eerlijk tegen Google. Ze stellen wel vragen aan Google, ook heel intieme, maar op een heel speciale manier. Ze doen dat indirect. Ze spelen via de band. Een digitale gremlin zoekt bijvoorbeeld op 'Een vriend van mij heeft jeuk in zijn kruis' of 'Mijn neef denkt dat hij een micropenis heeft'. Je wordt beloond met dezelfde antwoorden. Alleen ben jij de enige die er wijzer van wordt. Google tast in het duister.

Wees dus niet helemaal eerlijk tegen Google. Vraag niet 'Ben ik homoseksueel?' maar 'Is mijn leraar homoseksueel?' Lieg een beetje, bedrieg een beetje. En als je nog een stap verder wilt gaan, kun je Google ook actief op het verkeerde been zetten. Op Google Trends wordt al snel duidelijk dat mensen vaker naar negatieve dingen zoeken, dus stel Google ook eens positieve vragen, zoals 'Waarom ben ik zo knap?' of 'Waarom zijn alle mensen zo lief?' en 'Waarom is iedereen zo slim?' Verwar de zoekmachine. Dat voelt heerlijk. Je krijgt misschien verrassende antwoorden en het zorgt ervoor dat Google steeds minder te weten komt.

Wellicht komt er dan een dag waarop zo veel mensen oneerlijk zijn tegen Google, dat Google besluit dat het niet langer zin heeft om onze zoekopdrachten te registreren.

Uit: *Digitale gremlins* van Rens van der Vorst

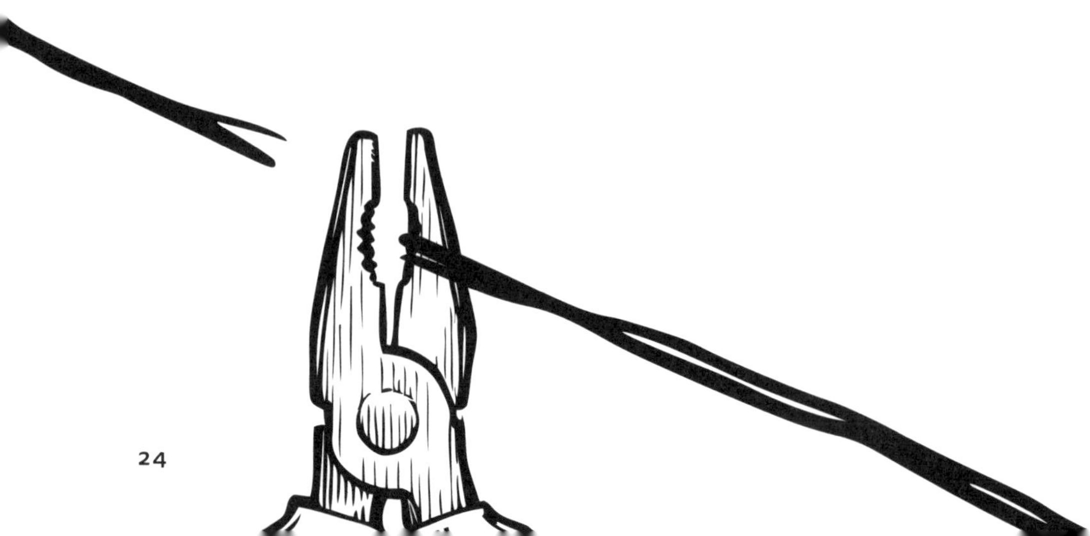

SUDOKU

Vul het diagram zo in dat elke rij, elke kolom en elk blok van 3 bij 3 vakjes de cijfers 1 tot en met 9 één keer voorkomen. De oplossing staat op pagina 160.

5				1	2	8		
	2	3						
6				9		2		
9						7	1	
		2	1	4	7	9		
	1	5						6
		9		6				7
						3	9	
		7	2	5				1

DE KRACHT VAN SPIJT

Twee jaar geleden deed ik mee aan een survey van Daniel Pink. Hij stelde maar één vraag: waar had ik de meeste spijt van? Nu heeft hij de resultaten geanalyseerd en in een boek verwerkt. Ik las het natuurlijk met bovengemiddelde interesse, en gelukkig maar. Mijn soort spijt blijkt vrij algemeen, en ik kan er nu ook wat mee. Ik kan het omdenken en ik kan het gevoel gebruiken om minder van dat soort domme dingen te doen.

De kracht van spijt
Daniel H. Pink

In het kort
Iedereen heeft spijt van een of meer dingen die hij/zij deed of juist naliet. Spijt hebben is niet erg, ook al is het een rotgevoel. Als je goed met spijt omgaat, kun je ervan leren en je leven verbeteren. Uit twee onderzoeken van Pink blijkt dat dit de vier fundamentele soorten spijt zijn:

- Basisspijt: door onverantwoordelijkheid heb je nu geen stabiele basis (geld, gezondheid, scholing).
- Durfspijt: door gebrek aan lef heb je je niet optimaal ontwikkeld, je doelen niet bereikt.
- Morele spijt: je hebt je slecht gedragen, iemands vertrouwen geschonden.
- Relatiespijt: je hebt een relatie verwaarloosd.

Spijt kun je (gedeeltelijk) ongedaan maken. Als je schulden hebt gemaakt, kun je beginnen met die af te lossen. Als je iemand pijn hebt gedaan, kun je het goedmaken, spijt betuigen. Maar als ongedaan maken of goedmaken geen optie is, kun je ook anders over spijt proberen te denken. Misschien is er toch nog iets goeds uit voortgekomen? Of had het nóg erger gekund? Omdenken dus, die spijt.

Op spijt kun je ook anticiperen, je kunt je voorstellen of en hoeveel spijt je over vijftig jaar zult hebben van de beslissing die je nu gaat nemen. Daar zijn ook nadelen aan verbonden: we zijn slecht in voorspellen, en steeds maar over spijt nadenken is mentaal ongezond.

Het beste is om je spijtgevoelens te analyseren en een strategie te ontwikkelen om in de toekomst niet in dezelfde fouten te vervallen. Als we weten waar we het meest spijt van (zullen) hebben, weten we wat we het meest waarderen in het leven. Spijt maakt ons beter.

Edith Piaf zong dat ze nergens spijt van had, en duizenden mensen laten jaarlijks NO REGRETS ergens op hun lichaam tatoeëren. Maar is dat wel verstandig, geen spijt hebben? En klopt het ook?

We waarderen onze negatieve emoties, zoals angst en spijt, veel minder dan onze positieve emoties. En dat is raar, want negatieve emoties zijn belangrijk voor overleven (angst voor vuur bijvoorbeeld) en voor een beter leven. De krachtigste negatieve emotie is spijt. En ja, iedereen heeft ergens spijt van, al was het maar van zijn tattoo: 20 procent laat hem weer weghalen.

En sterker nog, uit onderzoek blijkt dat maar 1 procent van de proefpersonen nergens spijt van heeft. Spijt hoort dus bij het leven. Maar wat is spijt eigenlijk? Spijt is een proces van tijdreizen en verhalen verzinnen. Zeggen: 'Ik wou dat ik vroeger <xxxx> had gedaan in plaats van <yyyy>, dan was ik nu <zzzz> geweest', is reizen naar het verleden, keuze wijzigen, reizen naar de toekomst, iets verzinnen. En er komen nog twee zaken bij kijken: de echte situatie met de verzonnen situatie vergelijken, en het feit dat de echte situatie je eigen schuld is.

10 MINUTEN

Spijt is goed

Als er iets vervelends gebeurt, kun je er op twee manieren naar kijken: je bent ontevreden en denkt 'had ik maar' (in het verleden een andere keuze gemaakt) of je denkt 'het had erger kunnen zijn, ik heb ten minste nog dit bereikt'. Het is bekend dat op diverse Olympische Spelen winnaars van een zilveren medaille het eerste denken, en die van een bronzen medaille het tweede! Nummer drie is gelukkiger dan nummer twee, hoe onlogisch dat ook is. Het vervelende 'had ik maar'-gevoel komt ook nog eens vier keer zo vaak voor dan het prettigere 'ten minste'. De reden daarvoor is dat dit goed is voor de evolutie: bij 'had ik maar' ga je actie ondernemen om het de volgende keer beter te doen. Misschien ga je wel harder trainen? Spijt blijkt dus onze toekomst te verbeteren, en wel op drie manieren:

1. Je neemt betere beslissingen, misschien omdat je je beter voorbereidt, voorzichtiger bent.
2. Je behaalt betere prestaties doordat je je fouten herinnert en ze niet nog een keer maakt.
3. Je waardeert wat je nu hebt meer, omdat je je voorstelt dat je ook een andere, betere keuze had kunnen maken. Dat klinkt raar, maar stel dat je toch naar die betere universiteit was gegaan, dan had je nu die leuke studievrienden niet gehad.

Je nare gevoel van spijt leidt tot denken over wat je beter kunt doen, en dit leidt tot actie. En zo laat je je fouten je beter maken.

Kintsugi is de Japanse kunst om gebroken aardewerk met goud te repareren. De breuken zijn onderdeel van de geschiedenis van het aardewerk. Het is mooier geworden door die breuken.

Waar hebben mensen dan spijt van?

Er is veel onderzoek gedaan naar de onderwerpen waarvan mensen spijt hebben. In vroegere onderzoeken, die vaak door en op universiteiten werden uitgevoerd, stond scholing bovenaan. Eerst had men spijt geen scholing te hebben gehad, later over verkeerde studiekeuzes of lanterfanten. In latere onderzoeken werd de populatie verbreed en stond spijt over het liefdesleven bovenaan. Pink besloot zelf een onderzoek op te starten en via zijn American Regret Project kreeg hij informatie binnen van 4500 respondenten. Hieruit bleek dat spijt over familiezaken bovenaan stond, op de voet gevolgd door partners, scholing, carrière en geld. Maar Pink vond dat dit nog steeds te weinig inzicht gaf en startte een nieuw onderzoek, kwalitatief ditmaal, dus met toelichting en verhalen van de respondenten. En hij deed het deze keer wereldwijd: de World Regret Survey, inderdaad – de survey die ik ook invulde.

Die andere aanpak, van kwantitatief naar kwalitatief, wierp zijn vruchten af. Pink kreeg meer inzicht, en merkte bijvoorbeeld dat de ene scholingspijt de andere niet is.

Kevin Wang heeft scholingspijt: goede middelbareschoolcijfers maar vrijwel niet gestudeerd voor het toelatingsexamen voor geneeskunde. Hij zakte. Nu werkt hij in een ziekenhuis... als controller.
John Welches kon doorstuderen met creatief schrijven, maar ging trouwen en zocht daarom een baan. Nu is hij copywriter bij een bank, dodelijk saai werk.
Aan de oppervlakte lijkt het dezelfde soort spijt, maar de wortels zijn verschillend. Kevin was onverantwoordelijk, John laf.

Dat bracht Pink ertoe om andere categorieën te gebruiken. Hij onderscheidde:

1. Basisspijt: we waren niet nauwgezet, voorzichtig, verantwoordelijk, betrouwbaar. We gaven te veel uit, en spaarden te weinig. We begonnen met ongezonde gewoonten. We studeerden niet genoeg.
2. Durfspijt: we namen geen risico, grepen die ene kans niet, reisden de wereld niet rond, begonnen ons eigen bedrijf niet.
3. Morele spijt: we gedroegen ons slecht, waren niet integer. We bedrogen onze vrouwen of mannen, sjoemelden met een test, fraudeerden.
4. Relatiespijt: we schatten de relaties met voor ons belangrijke mensen niet op waarde. We verwaarloosden ze.

Basisspijt

Een belangrijke oorzaak van basisspijt is het heden overwaarderen en de toekomst onderwaarderen. Daarom geven we geld uit aan leuke dingen nu in plaats van te sparen voor later. Het probleem is dat tegen de tijd dat je die fout ontdekt, het moeilijk is om er wat aan te doen. Je hebt geen spaargeld, punt. Maar er is een (gedeeltelijke) oplossing voor dit soort spijt: nu gelijk beginnen!

HET BESTE MOMENT OM EEN BOOM TE PLANTEN IS 20 JAAR GELEDEN. HET EEN-NA-BESTE MOMENT IS NU.

Basisspijt laat zien dat we behoefte hebben aan stabiliteit op het gebied van geld, gezondheid en scholing. De les is dat we vooruit moeten kijken.

Durfspijt
Bij durfspijt kies je voor veiligheid en stabiliteit, en denk je later: had ik dat risico maar genomen. Durfspijt is spijt van iets niet gedaan hebben, van passiviteit. Daar heb je meer last van dan van iets wél gedaan hebben, van activiteit. Dat komt omdat je het eindresultaat van de gemiste kans nooit zult weten, er zijn duizenden mogelijke scenario's. Je kunt het in je hoofd nooit afsluiten.

Durfspijt heeft te maken met het missen van mogelijkheden om te groeien, om uitdagende doelen te bereiken, je te ontwikkelen: naar het buitenland gaan, je eigen zaak beginnen, je uitspreken, voor jezelf opkomen.

Durfspijt laat een behoefte aan groei zien, aan meer ervaringen. En de les is duidelijk: spreek je uit, ga op reis, begin je eigen zaak.

Morele spijt
Morele spijt heb je wanneer je geweten zegt dat je fout zat. Dat geweten is niet voor iedereen gelijk, je opvoeding en je gemeenschap spelen een rol. Op basis van Jonathan Haidts boek *Het rechtvaardigheidsgevoel* onderscheid Pink vijf soorten morele spijt:

1. Iemand pijn doen, bijvoorbeeld pesten of niet voor iemand opkomen die gepest wordt.

2. Bedriegen, bijvoorbeeld stelen, sjoemelen maar ook ontrouw zijn. Ontrouw zijn doet een ander pijn, maar de kern van deze spijt is het schaden van vertrouwen.
3. Gebrek aan loyaliteit aan de groep. Veel antwoorden (uit de VS) gingen over niet in militaire dienst gaan en daardoor het groepsgevoel missen, het land niet gediend hebben.
4. Ondermijning van autoriteit. Sommigen noemen zich afzetten tegen de ouders of leraren.
5. Ontheiliging. De meeste antwoorden (uit de VS) gingen over abortus. Men vond dat omdat iets wettelijk mag, het nog niet per se moreel juist is.

De behoefte waaruit het ontstaat, is de wens 'goed' te zijn. En de les: bij twijfel, doe het goede.

Relatiespijt

Relatiespijt heb je wanneer de relatie met een voor jou belangrijke persoon verbroken is. Misschien heb je ruzie gehad met je partner of is de vriendschap met je beste vriend verwaterd. Soms is de relatie nog te herstellen, en soms niet, is de andere partij overleden. Als het nog wel mogelijk is een relatie na een lange tijd van verwijdering te herstellen, geeft dat soms een ongemakkelijk gevoel: jíj zou het harstikke leuk vinden om weer contact te hebben, maar de ander vindt het vast raar. Fout! Uit onderzoek blijkt dat we erg slecht zijn in het voorspellen van de reactie bij een onverwacht contact. We verwachten ongemak, maar er blijkt juist plezier te ontstaan. De ander vindt het net zo leuk als jij.

Er is nog een goede reden om relaties te herstellen: uit onderzoeken blijkt dat hechte relaties een positieve invloed hebben op een gelukkig leven, op je gezondheid, zelfs op wat je verdient.

De behoefte die met deze spijt te maken heeft, is liefde, in de brede zin, als verbondenheid. De les is: actie, nu (als dat nog kan) of later (bij een andere relatie wél op tijd zijn).

Omgaan met spijt

Uit onderzoek blijkt dat als we spijt hebben omdat we kansen niet gepakt hebben, we ons gedeprimeerd voelen en we er niet meer zoveel aan doen. Maar als we spijt hebben dat we verplichtingen niet zijn nagekomen, voelen we ons geagiteerd, en dat zet aan tot actie. We zorgen dat die spijt verdwijnt. Basisspijt en durfspijt hebben te maken met kansen niet pakken, morele spijt gaat over verplichtingen, en relatiespijt over een mix van die twee. Daarom komt morele spijt het minst vaak voor, we ondernemen hier eerder actie op. Weg spijt!

Spijt kun je (gedeeltelijk) ongedaan maken. Als je schulden hebt gemaakt, kun je beginnen met die af te lossen. Als je iemand pijn hebt gedaan, kun je het goedmaken, spijt betuigen. Maar als ongedaan maken of goedmaken geen optie is, kun je ook anders over spijt proberen te denken. Misschien is er toch nog iets goeds uit voortgekomen? Of had het nóg erger gekund? Omdenken dus, die spijt.

Met spijt kun je ook de toekomst beter maken. Hiervoor volg je drie stappen:

1. Breng als eerste je spijt onder woorden: je bespreekt je spijt met een ander, of je schrijft het op voor jezelf. Dat lucht op.
2. Dan zorg je dat je compassie voor jezelf voelt: je bent menselijk, iedereen maakt fouten, val jezelf niet te zeer af. Dat normaliseert en neutraliseert de spijt. Nu kun je er wat mee.
3. Daarna neem je afstand van jezelf. Je gaat analyseren en de strategie voor de toekomst bepalen. Afstand nemen kan ruimtelijk zijn: doe alsof je een vlieg op de muur bent en naar jezelf kijkt – of beter nog: naar een ander. Afstand nemen kan ook tijdreizen betekenen: bedenk eens hoe je over tien jaar zou denken over de spijtige actie. En afstand nemen kan door taal: over jezelf praten in de derde persoon (of je naam gebruiken) brengt rationaliteit bij de analyse, de tweede persoon gebruiken versterkt je voornemen om je gedrag te veranderen.

> **ALS WE WETEN WAAR WE HET MEEST SPIJT VAN (ZULLEN) HEBBEN, WETEN WE WAT WE HET MEEST WAARDEREN. SPIJT WIJST DE WEG NAAR EEN MOOI LEVEN.**
>
> *– Daniel H. Pink*

Je kunt ook anticiperen op spijt en dat gebruiken bij je beslissingen. Jeff Bezos heeft dat gedaan toen hij twijfelde of hij zijn supergoed betaalde baan bij een bank wel vaarwel zou zeggen om Amazon te beginnen. Hij stelde zich voor dat hij tachtig jaar was en terug zou kijken op zijn leven. Waar zou hij de meeste spijt van hebben? Het niet eens geprobeerd hebben, was het antwoord. En dus begon hij Amazon.

Nu heeft anticiperen ook nadelen. Soms baseer je je beslissing op spijt, op emotie dus, terwijl je rationeel echt een andere beslissing had moeten nemen. Daarbij kunnen we niet goed voorspellen hoevéél spijt we zullen hebben, we hebben de neiging dat te overschatten. En ook worden we ongelukkig van steeds maar zoeken naar de allerbeste optie, continu spijt hebben of over toekomstige spijt nadenken.

Spijt optimaliseren, dát is de methode. Valt de spijt binnen de categorieën basisspijt, durfspijt, morele spijt of relatiespijt? Nee? Vergeet het dan en doe wat je goed lijkt. Ja? Voor elk van de categorieën neem je afstand, reis je naar de toekomst en inventariseer je mogelijke spijt. En dan kies je de optie die deze categorieën van spijt het meest vermindert.

Samenvatting **Elly Stroo Cloeck**, accountant, projectmanager Finance en schrijver van recensies en samenvattingen van managementboeken (www.1001managementboeken.nl).

GEWELDIGE DINGEN

Tijdens een onlinemeeting een appje sturen aan je collega, zien dat zij het leest en besmuikt moet lachen...

Geweldig!

COLUMN

Een OVERDONDERENDE ERVARING in de METAVERSE

Op een frisse vrijdagochtend in februari spring ik op de fiets, op weg naar een ontmoeting die uiteindelijk een veel grotere dimensie kent dan de tijd en ruimte waarin deze afspraak zich daadwerkelijk afspeelt. In het kader van research voor zijn nieuwe boek heeft Adriaan van Dis mij op de koffie gevraagd om hem uit te leggen wat dat toch is, die metaverse...

Na een uitgebreid gesprek waarin we het fenomeen 'metaverse' van diverse kanten belichten, is het de hoogste tijd voor de eerste stappen in, of door een parallel universum. Ik plaats mijn virtualrealitybril op het hoofd van Adriaan van Dis en er ontvouwt zich voor zijn ogen een geheel nieuwe wereld. Veel mensen reageren bij een dergelijke eerste ervaring als een kind dat kennismaakt met een zonet ontdekte speeltuin. Zo ook Van Dis. Het is een plezier om hem van zo dichtbij te zien en te horen genieten van wat hij zoal ervaart.
Wat hier gebeurt is dat iemand zich als het ware losmaakt van de fysieke omgeving waar hij op dat moment onderdeel van uitmaakt en zich onderdompelt in een virtuele omgeving. De VR-bril is het medium dat mogelijk maakt dat je van de ene naar de andere realiteit reist en je binnen een split second van Amsterdam in hartje Parijs bent. Of tussen de olifanten staat in Centraal Afrika.

Wat we hiernaast de komende tijd zullen gaan zien is dat onze fysieke wereld meer en meer samensmelt met onze digitale wereld. Technologische innovaties zullen het mogelijk maken om als het ware een laag over de realiteit te leggen, waardoor onze beleving multidimensionaal wordt. Misschien ken je het voorbeeld nog van 'Pokémon GO', waarbij je met je smartphone in de hand allerlei figuren in de buitenwereld moet vangen die er in werkelijkheid niet zijn. Of kijk maar eens om je heen als je in de trein zit: lijfelijk zijn we nog wel aanwezig, maar dankzij onze devices bevinden we ons eigenlijk in een heel ander, digitaal domein. Veel van onze sociale interacties hebben zich daarnaartoe verplaatst. Dit zijn slechts voorboden van wat ons zoal te wachten staat.

Ontwikkelingen als augmented reality (AR), het eerdergenoemde virtual reality (VR) maar ook artificial intelligence (AI) worden tegenwoordig ook wel geschaard onder de noemer 'metaverse'. Hoewel dit fenomeen nog in de kinderschoenen staat, wordt het gezien als de volgende iteratie van ons internet. Waar het internet ooit begon als een digitale variant op onze krant en het door de opkomst van social media uitgroeide tot een daadwerkelijk 'wereldwijd web', belanden we met de metaverse in een volgende transitie en daarmee in een nieuw tijdperk.

De kans is groot dat we de komende jaren getrakteerd zullen worden op technologische noviteiten die we nu hooguit kennen uit de sciencefiction. We verbeelden ons andere werelden, meerdere dimensies en alternatieve verschijningsvormen. Tot op heden is onze verbeelding onze enige beperking, maar mogelijk komen we in een tijd terecht waarin veel van wat we ons voorstellen ook werkelijkheid wordt: digitaal, fysiek of allebei.

De vraag is of we dit ook werkelijk willen. Het is realistisch om te stellen dat we in exponentiële tijden leven. Digitale ontwikkelingen volgen elkaar in een steeds hoger tempo op. Het duizelt ons soms, zelfs degenen die wat dichter bij het vuur staan. Het is enerzijds razend boeiend wat zich zoal ontvouwt, maar het brengt ook zorgen met zich mee over de implicaties voor onze maatschappij. De balans bewaken tussen 'mens en machine' is van essentieel belang.

De metaverse is als de zonet ontdekte 'speeltuin' van Van Dis: een overdonderende ervaring die hem verraste en verwonderde. Laten we bij de verdere vorming van de metaverse ervoor zorgen dat we ons kunnen blijven verwonderen, maar ervoor waken dat we al te veel worden verrast. Uiteindelijk is het aan ons als mens om de vruchten te plukken van voortschrijdende technologie, en nooit andersom.

Harmen van Sprang, Urban Futurist, co-founder
Sharing Cities Alliance en auteur van het boek *Share.*

IK BEN ER OPRECHT VAN OVERTUIGD DAT HET GROTE GEHEIM ACHTER GELUK LIGT IN HET BIJDRAGEN EN NIET IN HET VERGAREN VAN DINGEN.

STEPHEN R. COVEY

De GRIJZE WERKVLOER WÉRKT

De tijd dat jonge mensen zich 'jong' gedragen en oudere mensen 'oud' ligt achter ons. We leven in een tijdperk waarin mensen tot op hoge leeftijd nieuwe partners, hobby's en loopbanen kiezen. Tegelijkertijd is onze ouderenzorg totaal niet ingesteld op zelfstandige, mondige ouderen. In haar boek De leeftijdloze samenleving *pleit Elske Doets voor een samenleving waarin jong en oud elkaar vaker ontmoeten en waarin alle burgers, dus ook senioren, meer betekenis ervaren.*

Als spreker op zakelijke bijeenkomsten en congressen is het me opgevallen dat het begrip 'diversiteit' te vaak blijft hangen in de sfeer van man-vrouwverhoudingen en etnische achtergrond. Als de prestaties op die specifieke terreinen bemoedigend of bevredigend zijn, is de buitenwereld geneigd er een goedkeuringsstempeltje op te zetten. Dat ook variatie in leeftijd van wezenlijk belang is, wordt nauwelijks erkend. Hoe vaak krijgt een bedrijf of organisatie te horen dat er te weinig vijftig- of zestigplussers in dienst zijn? En dat de leeftijdsopbouw van het personeelsbestand te eenzijdig is? Het komt zelden voor.

Waarom is er voor de factor 'leeftijd' relatief zo weinig aandacht? Als ik dan toch even – geheel tegen mijn gewoonte in – de puur-kapitalistische gedachte van 'maximale groei' van stal mag halen, en ik projecteer die groei niet op het financiële maar op het veel belangrijker geestelijke aspect (onder welke omstandigheden, en dankzij welk soort relaties leer je het meest en heb je het meeste plezier bij dat leren?), dan is mijn waarneming dat leeftijdsverschil een enorm stimulerende kracht is. En niet alleen voor senioren in de organisatie.

Met eigen ogen heb ik gezien hoezeer senioren een positieve invloed kunnen hebben op jongeren, louter door met hen in gesprek te gaan. Een greep uit de waarnemingen: jongeren worden succesvol aangezet tot (meer) lezen, krijgen ezelsbruggetjes aangereikt om sneller en accurater te kunnen hoofdrekenen, worden op spellingsgebied op een slimme manier bijgespijkerd (denk aan werkwoordsvormen) en leren bijvoorbeeld elementaire zaken in de natuur te herkennen (onder andere vogelsoorten).

Hoewel al deze (niet via Google, TikTok of YouTube) overgebrachte kennis op zichzelf al ongelofelijk waardevol is – het helpt je de wereld in een context te plaatsen –, is de terugkeer van het plezier in leren wat me het meeste trof in de contacten tussen jongeren en senioren. Opeens is er geen sprake meer van een klaslokaal, chat of andere voorbedachte entourage waarin moet worden geleerd, maar van een 'natuurlijk' gesprek waarin persoonlijke interesses en kennis de boventoon voeren. Deelnemers overhoren elkaar niet volgens een (saai) leerprogramma, maar bestoken elkaar op een associatieve manier met allerlei kennis en originele denkbeelden; iets waar een vooraf bedachte leermethodiek nooit aan kan tippen. Het vermogen van senioren om kennis in een boeiende verhaalvorm te presenteren (met de inzet van een zelf gelezen boek of voorbeelden uit het eigen leven) en zodoende ver te laten uitstijgen boven zomaar een lesje, of zomaar een digitale oefening, of zomaar een gedeelte uit een cursus, is wat mij betreft het meest waardevolle aspect dat ze kunnen inbrengen.

Is er, kortom, een reden te bedenken waarom het 'laten meedraaien' van senioren geen vruchtbaar idee zou zijn? En niet de moeite waard is om zo snel mogelijk mee te beginnen?

Abrupt waardeloos

Dat de waarde van senioren niet of te weinig op de agenda staat, wordt soms maar al te duidelijk aan de hand van individuele gevallen. Zo keek ik met lede ogen naar het te vroege afscheid van Egbert Dommerholt, hoogleraar 'Biobased Business Valorization'. Tot voor kort speelde hij een belangrijke rol in het vertalen van biobased oplossingen richting onder meer de verpakkingsindustrie en de bouw. Met zijn netwerk en kennis van zaken wist hij bij complexe projecten de juiste mensen te betrekken, onder wie stakeholders en jongeren. Door zijn ervaring en contacten zou Dommerholt de komende jaren nog een enorm grote rol hebben kunnen spelen bij het beoordelen, investeren en subsidiëren van biobased projecten, die een aanzienlijke rol spelen in de energie-transitie.

Dat prachtige vooruitzicht gaat echter niet door dankzij een ooit door hemzelf ondertekend arbeidscontract dat Dommerholt voorschrijft van de ene op de andere dag met werken te stoppen. Als hij opnieuw met eenzelfde type regeling was geconfronteerd en het overhaaste vertrek uit zijn belangrijke functie destijds wat minder als een verworvenheid had gezien, en wat meer als een van bovenaf opgelegde belemmering, was de kans groot geweest dat hij niet had getekend. Dan had hij binnen zijn maatschap vermoedelijk kunnen afdwingen dat hij langer door zou kunnen functioneren, in plaats van abrupt te moeten ophouden.

In een wereld waar dieper is nagedacht over de waarde van senioren en de (on)wenselijkheid van zulke abrupte eindes aan bloeiende loopbanen, zou op z'n minst de mogelijkheid worden onderzocht om pensionering op andere, 'zachtere' manieren in te richten. Bijvoorbeeld door meer geleidelijk terug te gaan in het aantal werkuren per week, dat wil zeggen: met een afbouwperiode waarin iemand nog een of twee dagen per week van groot belang kan zijn in zijn of haar vakgebied.

Dus, dringend advies: ga, alsjeblieft, zorgvuldiger met de talenten en geheugens van senioren om. En wees zelf ook niet te gretig om je voorgoed aan de zijlijn te laten parkeren.

Een andere, minstens zo wezenlijke bijdrage die senioren kunnen leveren, is het voorkomen van of beter leren omgaan met keuzestress. Senioren komen uit een wereld waarin beperkingen, zeker in vergelijking met nu, zeer vanzelfsprekend waren. Zeeën van informatie waren predigitaal niet beschikbaar. Internationale contactmogelijkheden waren voor de komst van internet zeer gelimiteerd. En wat mediagebruik betreft moest je, vóór de explosie van streamingdiensten, noodgedwongen de smaak van zenderbazen en kanaalmanagers volgen. Doordat ze zijn opgegroeid in tijden van 'schaarste' en de kwaliteit van minder keuzes, minder mogelijkheden en minder prikkels aan den lijve hebben ondervonden, zijn senioren in staat de overvloed aan keuzes van tegenwoordig te relativeren. Maar belangrijker nog: ze kunnen door hun kalmte en onverstoorbaarheid – het niet steeds grijpen naar de smartphone – laten zien dat als je niet gebukt gaat onder fomo (fear of missing out) er een schitterend, misschien nog wel schitterender, bestaan valt op te bouwen. Door dat aan te tonen, of 'voor te leven', kunnen ze uitgroeien tot een belangrijke inspiratiebron voor jongeren.

Grijs investeren

Het zou mooi en wenselijk zijn wanneer organisaties dankzij de hierboven aangehaalde observaties en ervaringen concluderen dat 'grijs investeren' tot een cruciaal onderdeel van de bedrijfsvoering moet uitgroeien. Hoe enorm ook het talent, de ijver en de ambitie van de jonge honden die aan de voorkant sleuren om jouw reputatie als leverancier van hoogkwalitatieve diensten of producten te laten schijnen en verder uit te bouwen, voor je het weet zitten die toppers thuis te verpieteren dankzij een burn-out of andere psychische klachten. En dat terwijl die bij het tijdig bieden van voldoende tegenwicht – het omgaan met

senioren die een ander tempo hanteren en een andere levensinstelling koesteren – wellicht voorkomen hadden kunnen worden. Precies om deze reden zou 'grijs investeren' een no-brainer moeten zijn. De 'winst' van een meer evenwichtige en harmonieuze werkomgeving weegt ruimschoots op tegen de kosten van een gezond percentage senioren op de werkvloer.
Natuurlijk is er nog sprake van de ouderwetse opvatting dat stress op de werkvloer op min of meer vanzelfsprekende wijze wordt opgeheven of in balans wordt gebracht door de thuissituatie, waar de drie r'en, rust, reinheid en regelmaat, zouden heersen. Ik zou willen dat het waar was. Maar gelet op de toenemende (economische en psychologische) druk op huishoudens en gezinnen – bijna iedereen wil voldoen aan het 'Perfecte Plaatje' – kun je er allang niet meer van uitgaan dat wat scheef zit op de werkvloer achter de voordeur wel rechtgezet zal worden.
Een moderne werkgever rekent het tot zijn of haar taak van de werkvloer zélf een inspirerende omgeving te maken, die minstens net zoveel energie geeft als opeist.

Uit: *De leeftijdloze samenleving* van Elske Doets

DANKJEWEL-WANDELING

Andere mensen dachten van hem waarschijnlijk ook dat hij alles had. Ze moesten eens weten. Uiterlijke schijn was niet genoeg. De show werkte niet meer. Hij wilde zich goed voelen, daarom verscheen er een grote glimlach op zijn gezicht toen George op de dankjewelwandeling in het energieboek stuitte. Het ene moment las hij dat het fysiek onmogelijk was om op hetzelfde moment gestrest en dankbaar te zijn en het volgende moment liep hij buiten een rondje om het kantoorgebouw op te noemen waar hij dankbaar voor was.

Hij wist dat zijn collega's zouden denken dat hij gek geworden was als ze zagen dat hij in zichzelf liep te praten, maar dat kon hem niet schelen. Natuurlijk voelde het een beetje eigenaardig, maar de wandeling gaf hem nieuwe energie, en hij voelde zich echt fantastisch toen hij zijn zegeningen telde. Volgens het boek zorgt dankbaar zijn ervoor dat je lichaam en je hersenen worden overspoeld met endorfine en positieve emoties en in combinatie met wandelen is dat een krachtige energiebooster. En het boek had gelijk. Toen George weer naar binnen liep, voelde hij zich positiever, energieker en klaar om aan het werk te gaan. Joy had gelijk, dacht hij.

Uit: *Pak de bus* van Jon Gordon

DE *onverwachte* VOORDELEN VAN HET AFLOSSEN *van je* STUDIESCHULD

Tien jaar lang maakte Maaike Wind een puinzooi van het aflossen van haar studieschuld. Tot ze de knop omzette. Dik dertigduizend euro loste ze af in twee jaar tijd. En wat bleek? Het was nog leuk ook! In *Fuck die studieschuld* deelt Maaike de lessen die ze leerde tijdens het aflossen. Want al na één maand werd duidelijk dat aan de slag gaan met je schuld veel meer oplevert dan alleen geld.

Het resultaat van januari geeft me moed en extra motivatie. Februari begin ik dan ook met een opgewekt gemoed. Eén maand gehad, nog 23 te gaan. Dit kan ik. Sterker nog, misschien kan ik het nog wel sneller dan ik had bedacht, denk ik ambitieus terwijl ik door mijn huis struin op zoek naar spullen die ik op Marktplaats kan zetten. Nog geen week later heb ik een heel productieproces opgezet. Vijf dingen om te verkopen per keer, eerst overal foto's van maken, dan de teksten schrijven en dan alles online, om meteen verder te zoeken naar de volgende vijf dingen die ik kan verkopen.

Wonderlijk slecht blijk ik te zijn in het inschatten van welke dingen geld opbrengen. Niemand had bijvoorbeeld interesse in mijn skikleding, en dat terwijl ik alles nauwelijks had gedragen en het skiseizoen bovendien nog volop bezig was. Mijn oude hardloopschoenen daarentegen, die ik nota bene bijna niet online had gezet omdat ik niet had verwacht dat ze ooit iets op zouden brengen, zijn dan weer zo weg. Een rugzak en die schoenen verkoop ik samen voor 50 euro. Bepaald niet gek. Mijn iPad levert me 100 euro op. Voor mijn sapcentrifuge krijg ik 45 euro. Voor ik het weet heb ik een paar honderd euro bij elkaar. Kijk, dat tikt lekker aan.

En dan valt mijn oog op mijn koffiezetapparaat. Dat dure Nespresso-ding dat ik bijna drie jaar terug had gekocht om voor mezelf en de wereld te bewijzen dat ik toch heus volwassen was. De cups zijn verrekte duur. En slecht voor het milieu, dat ook nog. Bovendien heb ik mijn oude filterapparaat nog staan. Tot mijn verbazing twijfel ik nauwelijks. Hup, weg met dat ding. Die volwassenheid die ik zo graag dacht te willen, zit natuurlijk niet in de kwaliteit van mijn koffie. Nee, volwassen zijn betekent financieel verstandige beslissingen nemen. Nog geen dag later accepteer ik een bod van 70 euro. Ik zet mijn oude koffiezetapparaat weer op mijn aanrecht. De volgende ochtend neem ik voorzichtig een eerste slok maar die behoedzaamheid blijkt onnodig. De koffie is veel lekkerder dan ik me herinner.

Het verkopen op Marktplaats heeft bovendien nog een paar extra voordelen. Allereerst blijk ik het heerlijk te vinden om mijn zooi op te ruimen en dingen weg te doen. Hoe minder spullen ik overhoud, hoe rustiger ik me voel. En er gebeurt nog iets: door het uitzoeken van mijn spullen ben ik me er meer dan ooit van bewust hoeveel geld ik heb uitgegeven aan dingen die ik eigenlijk helemaal niet nodig had. Ik blijk een labelmaker te hebben, een klokradio, skihandschoenen, een strijkijzer. Allemaal niet of nauwelijks gebruikt. En op Marktplaats brengen die dingen doorgaans nog niet de helft op van wat ik er ooit voor heb betaald. Superzonde!

Het maakt dat ik het steeds makkelijker begin te vinden om verleidingen in winkels te weerstaan. Natuurlijk, die schoenen, dat boek, ik vind het allemaal nog wel leuk, maar terwijl ik ze in de winkel in mijn handen heb, stel ik me voor hoe ze over een half jaartje ergens achteloos op een stapel zijn beland. En met dat idee in mijn hoofd kost het plots nauwelijks moeite meer om ze terug te leggen. En nadat ik 's middags na een verwoede onderhandeling 8 euro heb verdiend met de verkoop van mijn oude badjas voelt het ineens heel onlogisch om 's avonds voor 12,50 euro pizza te laten bezorgen. En zo ontdek ik steeds nieuwe manieren om zuiniger te leven. Mijn budget voor kleding bijvoorbeeld, dat ik op 25 euro per maand had gezet, schroef ik terug naar nul. Ik zie nog wel mooie dingen in de winkels maar ik heb kleding zat in mijn kast. Nieuwe dingen zijn niet nodig. Het voelt lekker om zo sober te leven, en dat maakt dat ik het steeds meer als een sport begin te zien. Als een spel. Ik krijg er lol in.

Nog een ontdekking die mijn uitgaven drastisch vermindert: ik blijk helemaal niks te kunnen met reclamefolders, kortingsbonnen en kortingen. Integendeel zelfs, ze werken averechts. Neem zo'n flyer van HEMA, een van mijn favoriete winkels. Als ik erdoorheen blader, zie ik allemaal dingen die ik graag wil hebben. En die dingen zijn deze week nog in de aanbieding ook. Maar wat ik me al snel realiseer: dingen kopen betekent geld uitgeven en dus minder aflossen, óók als die dingen enorm zijn afgeprijsd. En wat ik me ook al snel realiseer: als ik al die folders gewoon überhaupt niet zie, denk ik niet eens aan al die dingen die ik zou kunnen kopen. Dan ben ik met heel andere dingen bezig. Die reclamefolders zijn er natuurlijk niet om mij geld te laten besparen, nee, ze zijn er juist om mij te verleiden om mijn geld uit te geven. Weg ermee.

Overigens zijn aanbiedingen soms natuurlijk best nuttig. Ik word er steeds handiger in om de duurdere huishoudelijke producten goedkoop in te slaan. Wasmiddel, wc-papier, koffie, dat werk. Grote verpakkingen inslaan, de allergoedkoopste c-merken proberen, duurdere merken kopen als ze in de aanbieding zijn. O, en minder gebruiken. Véél minder. Ik halveer bijvoorbeeld de hoeveelheid waspoeder die ik gebruik en merk geen enkel verschil aan mijn was. Zelfde met shampoo, ik was veel minder vaak mijn haar én ik gebruik bovendien maar de helft van het spul. Kan prima. En ook al die verschillende soorten schoonmaakmiddelen in mijn keukenkastje vul ik niet aan als ze op zijn. Met één lekker geurende en ecologische allesreiniger blijk ik bijna alles te kunnen doen. Scheelt geld, scheelt ruimte én het is beter voor het milieu.

Niet alles verloopt meteen soepel. Ergens in die eerste weken van 2019 zit ik op een vrijdagmiddag met collega's op de krant te lunchen als een van hen voorstelt om die avond uit eten te gaan. Het is geen raar verzoek, samen uit eten en dan door naar de kroeg is iets wat we geregeld doen, en toch overvalt de vraag me. Shit, denk ik. Shit, shit, shit. Dit is waar ik bang voor was. Ik wil natuurlijk mee. En ik heb er geen geld voor begroot. En ik heb ook eigenlijk besloten dat ik er voorlopig geen geld voor wíl begroten. Maar ja, ik wil wel mee. Het idee dat mijn vrienden samen in een restaurant zitten terwijl ik thuis sip een serie kijk, voelt verrekte naar. Bovendien, ga ik dan nog 23 maanden lang nooit meer mee? Wat blijft er van mijn vriendschappen over als ik plots zo lang verdwijn?

'Joh, doe niet zo raar, je gaat gewoon mee,' zegt B. 'Ik trakteer je wel.' Ik val stil. Ik denk na en ik kom er niet uit. 'Kom op,' zegt hij. 'Dat kan best, ik heb geld zat.' Ik schiet in de lach en knik. Daar zit wel iets in. En ik wil graag mee. De avond is leuk, de pizza is lekker en toch hè, het zint me niet. Het voelt niet goed. Prima dat B. me een keer trakteert, lief en fijn is het, maar ik wil niet twee jaar lang uitgaan op kosten van mijn vrienden. Dat is geen oplossing.

Het doel van het aflossen is dat ik me vrij wil voelen, en dat ga ik niet bereiken door mezelf afhankelijk te maken van vrienden. Nee, de volgende keer ga ik weigeren, besluit ik. Dat zal mijn vriendschappen ongetwijfeld ingewikkelder en minder vanzelfsprekend maken, ik zal er meer mijn best voor moeten doen, maar dat is dan maar zo. Deze schuld aflossen is iets wat ik zelf wil doen. Ik denk terug aan het moment waarop ik in Dublin over de finish kwam, nog net niet strompelend, na dik 42 kilometer rennen. De dag van de marathon was de verschrikkelijkste dag van 2016, maar het was tegelijkertijd ook de mooiste dag van 2016. Het is verrukkelijk om dingen zelf te doen.

Maar goed, ik wil ook mijn vrienden graag blijven zien. En twee jaar lang niet meegaan naar de kroeg en niet meegaan op vakantie helpt dan niet bepaald. Gelukkig ontdek ik al snel creatieve manieren om samen leuke dingen te doen zonder dat het veel geld kost. Niet in de kroeg afspreken maar thuis biertjes drinken. Niet uit eten gaan maar samen koken. Niet naar de film maar wandelen. Geen weekendje weg maar een weekendje bij elkaar logeren. De eerste keren dat ik zoiets voorstel voelt het raar maar het went al snel. Bovendien beginnen mijn vrienden me al snel te helpen door uit zichzelf goedkopere uitjes voor te stellen. En een paar van hen vertellen me dat ze eigenlijk óók best graag minder geld willen uitgeven.

Nog een sociaal aspect: cadeaus. Ik zet er nog steeds geld voor opzij, ik wil graag fijne cadeautjes kunnen geven, maar ik begin wel met experimenteren. Zo geef ik mijn vader voor zijn verjaardag een boek cadeau dat ik zelf al in de kast had staan. Een tweedehands cadeau dus. En dat voelt onwennig. Alsof mijn liefde voor mijn vader afhangt van de prijs van de cadeaus die ik hem geef. Onzin natuurlijk, dat weet ik wel. Bovendien, het is niet zomaar een boek, het is een boek waarvan ik denk dat hij het heel leuk vindt. Als ik het boek in de boekwinkel had zien liggen, had ik het zo voor hem gekocht. Wat maakt het dan uit dat ik er geen geld voor heb betaald?

Het is even zoeken dus, hoe ik het handig kan aanpakken met vrienden. Maar het is wel een zoektocht die het ruimschoots waard is. Een van de mooiste onverwachte voordelen van het versneld aflossen van mijn studieschuld is dat het helemaal niet slecht is voor mijn vriendschappen. Integendeel zelfs, ze worden er beter door. Vooraf was ik bang dat ik mijn vrienden minder zou zien en ik vreesde ook dat ze misschien het gevoel zouden krijgen dat ik geld boven hen verkoos. Maar dat gebeurt helemaal niet. Wat er gebeurt, is dat ik me kwetsbaarder op ga stellen, iets waar ik niet bijzonder goed in ben en wat ik ook behoorlijk spannend vind. Ik vertel ze over mijn geldzorgen, over hoe groot mijn studieschuld is en over hoe ik eronder gebukt ga. Ik vertel ze over wat mijn dromen zijn en hoe ik jarenlang dacht dat ik die nooit zou kunnen bereiken. En ik vertel ze dat ik die studieschuld nu rigoureus weg ga werken en dat ik dus minder geld heb voor leuke dingen. En ik vertel ze dat ik dol op ze ben en dat ik blij ben dat ze in mijn leven zijn en dat ik hoop dat we veel leuke dingen kunnen doen die niet veel geld kosten.

Langzamerhand durf ik meer van mezelf te laten zien. Dat is geen gemakkelijk proces en ik heb nog steeds van alles te leren, maar het is wel bijzonder waardevol. Ik word er een betere vriend van. Het mooie is bovendien dat het na die openheid van mij voor mijn vrienden makkelijker is om ook meer over zichzelf te vertellen. De gesprekken die we voeren krijgen geregeld een diepere laag. En wat ook fijn is: mijn vrienden helpen me mee door zelf al voorstellen te doen voor leuke dingen die weinig geld kosten. Mijn vriendin die me steevast appte of ik mee wilde naar de bioscoop appt nu geregeld of ik zin heb om een film te kijken op de bank. En dan blijk ik ook nog vrienden te hebben die zelf ook graag hun financiële situatie willen verbeteren en die het eigenlijk heel fijn vinden dat ik voorstel om minder geld uit te geven. En het is verrekte leuk om samen aan zo'n doel te werken.

Uit: *Fuck die studieschuld* van Maaike Wind

MAAKKRACHT

In een tijd van grote maatschappelijke problemen voelen we ons vaak machteloos. Hoe graag we ons ook willen inzetten voor een betere samenleving, onze huidige manier van problemen oplossen blijkt niet toereikend. Waarom lukt het niet om dat wat we belangrijk en goed vinden, centraal te stellen in de manier waarop we de samenleving vormgeven? Wat we nodig hebben is een heel andere denk- en werkwijze: die van kunstenaars en ontwerpers. In Maakkracht *tonen Tabo Goudswaard en Jetske van Oosten hoe iedereen in vijf stappen problemen kan aanpakken als een maker en de aanzet kan geven tot echte, blijvende verandering.*

Je kunt precies weten wat je zoekt in een partner en er toch maar niet in slagen om de ware te vinden. Je kunt vastberaden zijn om diegene te vinden, een checklist opstellen van gewenste eigenschappen. Je kunt actief aan de slag gaan: je op een datingsite inschrijven, profielen bekijken, mensen op hun uiterlijk beoordelen. En toch overvalt de verliefdheid je veel eerder op een onbewaakt moment, bij de persoon van wie je het niet had verwacht.

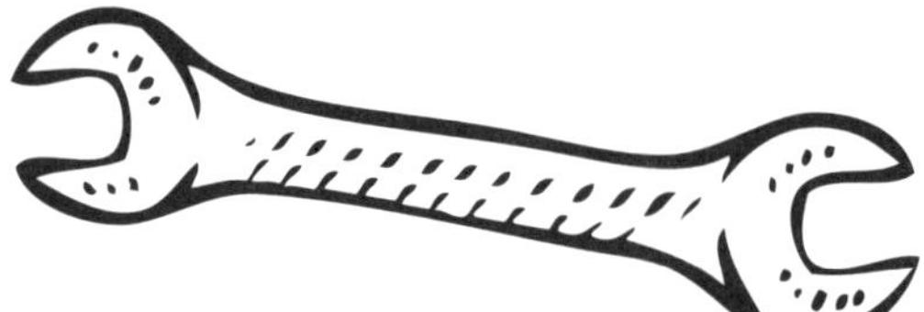

Zo is het in de liefde, en zo is het eigenlijk met veel dingen in het leven. Dat wat werkelijk van waarde is, laat zich vaak niet vangen in lijstjes, cijfers of een stappenplan. Het laat zich niet goed plannen of controleren. Het laat zich wel kennen, of beter gezegd beleven en ervaren. Het dringt zich aan je op, juist wanneer je even niet met al die lijstjes, doelstellingen en regels in de weer bent. Soms als pijnlijk gemis, soms als welkome verrassing wanneer bijvoorbeeld op een onverwacht ogenblik de liefde ontluikt. Het zijn juist die momenten die vaak de verdere loop van ons leven een cruciale wending geven, in de juiste richting.

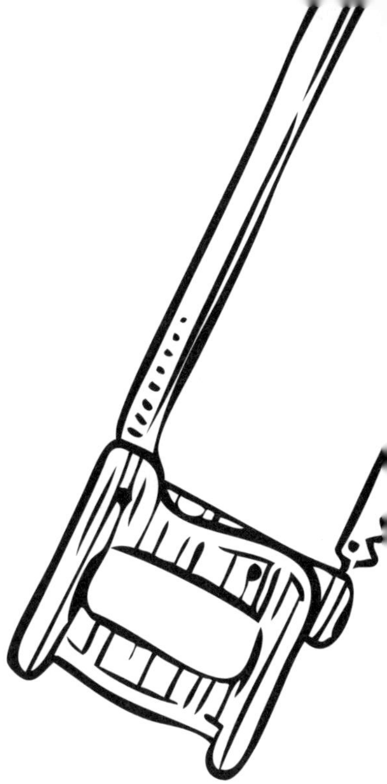

Want de hartstocht die erbij komt kijken bezorgt je een soort natuurlijke 'high', die je niet alleen laat verlangen naar de ander, maar je ook daadkracht en vertrouwen geeft, en het gevoel dat er van alles kan en mogelijk is. Wat je echt in je hart raakt, maakt dat je naar je gevoelens durft te handelen. Het geeft je de kracht om zaken aan te pakken die voorheen onhaalbaar leken. De kracht om de wereld naar je hand te durven zetten. Dat is wat wij maakkracht noemen. Het is de motor tot verandering. En het is precies dat waar de wereld buiten onze privésfeer op zit te wachten.

maak·kracht *(de; v(m))*
1. kracht van een maker
2. vermogen om tot verandering te komen, transformatieve kracht
3. effecten teweeggebracht door de handelingen van een maker

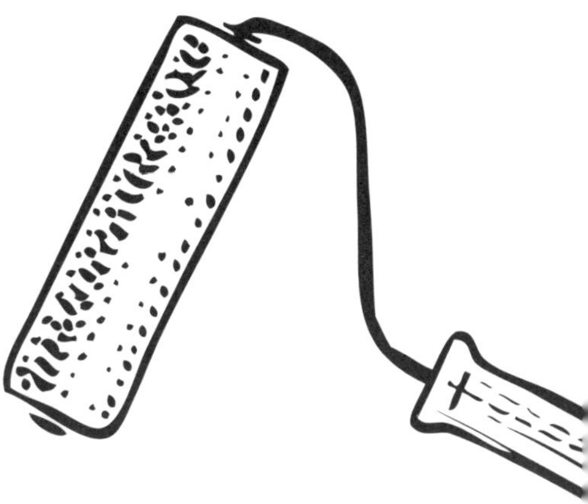

De worsteling met maatschappelijke opgaves

Juist nu, in een tijd waarin we voelen dat er veel maatschappelijke problemen zijn, is er meer aandacht nodig voor dat wat ons aan het hart gaat. Om vanuit die emotionele gedrevenheid niet alleen ons eigen leven maar vooral ook het samenleven met elkaar vorm te geven. Want de manier waarop we ons voedsel produceren, energie opwekken of grondstoffen winnen: dat is allemaal weinig toekomstbestendig. Een enorme klimaatcrisis met mogelijk catastrofale gevolgen kondigt zich aan. Experts waarschuwen daarnaast voor de gevaarlijke gevolgen van kansenongelijkheid, zoals toenemende polarisatie. Ook zijn er zorgen over de te grote macht van (tech)bedrijven of de impact van ondermijnende criminaliteit. Dat we iets moeten doen om de samenleving op een andere manier in te richten, wordt met de dag duidelijker. Maar hoe doen we dat?

In Nederland is het geloof in maakbaarheid van de samenleving – het laten functioneren van de samenleving vanuit rationaliteit, objectiviteit, causaliteit en voorspelbaarheid – van oudsher sterk aanwezig: '*God created the world, but the Dutch made the Netherlands*', zo luidt het gezegde. Door de complexiteit van de vraagstukken waar we nu voor staan, wordt dit oude maakbaarheidsideaal op de proef gesteld. De werkelijkheid laat zich onvoorspelbaarder en weerbarstiger zien dan we hoopten.

Maatschappelijke veranderopgaven als de energietransitie, het woningentekort of sociale ongelijkheid laten zich niet eenvoudig sectoraal afbakenen. Het zijn geen technische, ruimtelijke of sociale uitdagingen – zoals vaak gedacht – maar dat alles tegelijk. Deze maatschappelijke problemen zijn open, verbonden, dynamisch en complex. Ze worden wel wicked problems genoemd. Er is niemand die de problemen kan overzien. Er is ook niemand die in z'n eentje voor een oplossing kan zorgen. Om tot verandering te komen, moet hoe dan ook worden samengewerkt. Deze complexe maatschappelijke vraagstukken vragen om een integrale, domeinoverstijgende aanpak. Maar dat blijkt nog niet zo eenvoudig.

Ons onderwijsstelsel, ons zorgstelsel en het economisch systeem lijken niet voldoende toegerust om een antwoord te kunnen geven op de complexiteit van de uitdagingen waar we voor staan. Ondanks alle goede bedoelingen dragen deze systemen in toenemende mate bij aan bijvoorbeeld de milieuvervuiling of de ongelijkheid in de samenleving. In plaats van dat wij systemen maken die dienend zijn aan wat wij belangrijk vinden, voelt het soms alsof wij ons moeten voegen naar wat de systemen dicteren. De systemen lijken meer macht over ons te hebben dan andersom.

Het geloof in maakbaarheid heeft daardoor plaatsgemaakt voor een gevoel van machteloosheid en zelfs slachtofferschap. Want wat helpt het als ik mijn gedrag verander en vegetarisch eet, niet meer vlieg of duurzame kleding koop? Het probleem wordt er niet mee opgelost. Het vertrouwen dat we gezamenlijk gestalte kunnen geven aan datgene wat we waardevol vinden, lijkt bij veel mensen te verdwijnen.

De kracht van de maker

Denk even terug aan je eerste echte verliefdheid en wat dat met je deed. Je verlangen en de vurige wens om daar dan ook naar te handelen. Het is spannend en je voelt je ook kwetsbaar. Maar je weet zeker dat je het wilt en je gaat ervoor. Dat is het gevoel dat dit boek tegenover de machteloosheid wil stellen die je kunt ervaren als het om het 'oplossen' van maatschappelijke problemen gaat. Want datzelfde verlangen om in actie te komen, hebben we ook als het gaat om maatschappelijke problemen. Je wilt graag bijdragen aan een betere wereld, en dat kun je ook. Maar om te weten hoe, moet je eerst anders leren kijken.

De maatschappelijke problemen van nu vragen om een nieuw geloof in maakbaarheid: om een geloof dat zich niet baseert op de causaliteit en voorspelbaarheid van de wereld buiten ons, maar vertrouwt op een kracht die vanbinnen zit. Op de mogelijkheden die ontstaan als mensen maakkracht tonen.

De eerste stap naar dit nieuwe geloof ligt in het besef dat de systemen door mensen zijn gemaakt. Of anders gezegd: ze zijn 'ontworpen' – de huizen waarin we leven, de auto's waarmee we ons verplaatsen, de akkers waarop we ons voedsel verbouwen, ja zelfs het bos waarin we wandelen. Maar ook: de wetten waarnaar we leven, het geldsysteem waarop we vertrouwen en de democratie waarnaar we ons voegen. En dat is goed nieuws. Want dat betekent dat het ook allemaal helemaal anders kan.

Vervolgens helpt het te beseffen dat wij zelf onderdeel zijn van die systemen. We plaatsen onszelf er vaak ten onrechte buiten; we spreken dan van een systeemwereld die de leefwereld niet dient. Maar wat we vaak vergeten bij zo'n tweedeling is dat we zelf deel uitmaken van het systeem. Sterker nog, wij zijn het systeem. Net zoals we niet echt in de file kunnen staan, zonder ook zelf de file te zijn. Dat is confronterend, want dat maakt ons medeverantwoordelijk. Maar het biedt ook mogelijkheden. Want als we deel zijn van het probleem, kunnen we ook deel worden van de oplossing. Het feit dat we onderdeel zijn van het systeem geeft ons de mogelijkheid om er invloed op uit te oefenen. Het geeft ons ook de verantwoordelijkheid om dat op een juiste manier te doen.

De behoefte om systemen te overzien voordat we ermee aan de gang gaan, is groot. Om eerst meer data te verzamelen. Om een concreet eindbeeld te schetsen alvorens de eerste stap te nemen. Bij complexe systemen is dat onmogelijk. Maar dat betekent niet dat we het systeem niet kunnen veranderen. Sterker nog, juist door níét te weten wat de oplossing is en geen eindbeeld te hebben, ontstaat er meer ruimte voor systemische verandering. Systemische verandering verloopt namelijk niet volgens een lineair veranderproces. Het begint van binnenuit, niet van buitenaf. We zijn geneigd de oplossing centraal te stellen en de mens in dienst van die oplossing te stellen. Maar als je bij de mens begint en de diversiteit van mensen omarmt, kunnen er meerdere en ook onvoorziene oplossingen ontstaan.

Daarmee draaien we de traditionele benadering van probleemoplossing radicaal om: begin niet bij de oplossing, maar begin bij de gedrevenheid van de mens. Door als mens zelf iets te gaan doen zonder meteen te weten waar dat toe leidt – de eerste stap – komt het proces van leren door te doen op gang. Daarin schuilt een nieuwe maakbaarheid. Dat is maakkracht.

Die maakkracht schuilt in jou, want jij bent onderdeel van het systeem. En jouw buurvrouw of collega is dat ook. Je staat er dus niet alleen voor. Met elkaar kunnen we verandering van binnenuit aanjagen. Dan komt het hele systeem in beweging. Niet alleen ik ben het systeem, wij zijn het systeem: het is de manier waarop wij als buren met elkaar omgaan, waarop wij zorg verlenen aan de zieken, hoe we onze kinderen onderwijzen, wat we betalen voor het verrichten van arbeid, op welke manier we samen huizen en wegen bouwen. In al die interacties zit de mogelijkheid om het anders te gaan doen.

Uit: *Maakkracht. Een nieuwe benadering voor complexe vraagstukken* van Tabo Goudswaard en Jetske van Oosten

Scheve MACHTS-VERHOUDING

COLUMN

'Zelfs een loodgieter verdient nog meer!', aldus een deelneemster die blijkbaar geen hoge pet opheeft van loodgieters. Ik geef een workshop onderhandelen aan freelancejournalisten. Althans, dat probeer ik. Maar ik kom amper aan het woord, want ze zijn woest. Ze verdienen te weinig. Ze staan machteloos tegenover de grote uitgevers.

Jonge redacteuren vertellen dat ze niet eens de kans krijgen om te onderhandelen, want ze spreken nooit iemand. Voor diensten op de eindredactie krijgen ze een ordernummer met hun tarief erop. Via een onlinesysteem kun je je factuur aanleveren. Computer-says-no als je van het tarief af durft te wijken.

Gelukkig gloort er hoop. De journalistenvakbond NVJ sleepte met succes de grootste uitgever, DPG Media, voor de rechter voor een beter loon voor freelancers. DPG ging in hoger beroep. Op aandringen van de rechter gingen de partijen om tafel en dit jaar bereikten ze een akkoord. De beloning van freelancers komt in lijn met die van vaste werknemers. Probleem opgelost! O nee, toch niet. Geen enkele opdrachtgever houdt zich aan de uitonderhandelde werkcode, zo krijg ik te horen.

Ach, waarom zou je je hier al te druk om maken? De verantwoordelijkheid van de journalistiek is immers van een hogere orde. Die moet burgers informeren. De macht controleren. De waakhond zijn van de democratie! In tijden van toenemende polarisatie, desinformatie en opleving van radicaal rechts heeft het loon van de 'flexibele schil' nu eenmaal geen prioriteit.

Bovendien moeten we begrip hebben voor de positie van de kranten. Die hebben het toch óók moeilijk? Valt reuze mee, blijkt uit de cijfers. DPG Media, uitgever van *de Volkskrant*, *Het Parool*, *Trouw*, AD en *nu.nl*, boekte vorig jaar een brutobedrijfsresultaat (EBITDA) van €414 mln. Niet slecht. Mediahuis, de uitgever van NRC en *De Telegraaf* verdubbelde in 2021 de winst. En ook bij FD Mediagroep, het moederconcern van *Het Financieele Dagblad* en BNR, was het een recordjaar.

'We hebben geen geld' is dus niet zo'n plausibel excuus voor het onderbetalen van freelancers. 'We keren liever dividend uit aan onze aandeelhouders dan dat we journalisten meer betalen' zou een eerlijker antwoord zijn.

Maar een wankele positie voor starters en freelancers is een vruchtbare bodem voor scheve machtsverhoudingen en angstculturen, zo leerden we onlangs *in de Volkskrant* over Matthijs van Nieuwkerk en de NPO. Je durft nu eenmaal geen hoger tarief te vragen als de chef tegen je blaft alsof je inwisselbaar bent, en met een tijdelijk contract zal je niet snel melding maken van misstanden bij de hoofdredacteur. Misschien een goed idee als journalisten ook de eigen redacties eens onder de loep nemen.

Deze column verscheen eerder in *Het Financieele Dagblad*.
Sophie van Gool is econoom, oprichter van Salaristijger, columnist en auteur van *Waarom vrouwen minder verdienen*.

FALENDE LEIDERS

EN DE MACHT VAN DE OMGEVING

De laatste jaren is er steeds meer belangstelling voor topbestuurders en leidinggevenden van grote organisaties. Zij liggen onder een vergrootglas, omdat hun keuzes en gedragingen als richtinggevend worden gezien voor de hele organisatie. Het komt dan ook steeds vaker voor dat bestuurders van bedrijven of hoge ambtenaren het veld moeten ruimen omdat zij verantwoordelijk worden gehouden voor schandalen in hun organisatie of zich daar zelf schuldig aan hebben gemaakt. Daarbij kun je denken aan fraude, corruptie, handelen met voorkennis, milieudelicten, opgepoetste cv's of seksueel grensoverschrijdend gedrag. Vandaag de dag worden zelfs meer topbestuurders de laan uit gestuurd vanwege dit soort ethisch wangedrag dan vanwege tegenvallende bedrijfsresultaten.

De prestatiebonussen die veel topbestuurders krijgen worden daarbij vaak als belangrijke risicofactor gezien. Zo waren verschillende maatregelen die overheden en toezichthouders namen in reactie op de wereldwijde financiële crisis van 2008 er vooral op gericht dit risico te verminderen. Toch worden ook nu nog bestuurders aangetrokken met exorbitante bonussen en enorme aandelenpakketten – die binnen bereik komen als ze op de korte termijn de winst en aandeelhouderswaarde weten te vergroten. Die lokkertjes leiden de aandacht af van beslissingen die gericht zijn op vergroting van langetermijn-overlevingskansen, of van bijdragen aan maatschappelijke doelen.

In Nederland heeft onderzoeker Kees Cools aannemelijk gemaakt dat die prestatiebonussen een belangrijke rol speelden bij de val van grote bedrijven zoals Enron of Parmalat. Hij kwam tot de conclusie dat de bestuursstructuur of de persoonlijke competenties van bestuurders er niet zoveel toe deden. Het grootste verschil tussen bedrijven waar fraude aan het licht kwam en bedrijven waar dat niet het geval was, zat namelijk in de beloningsstructuur en toekenning van bonussen. In de bedrijven die door fraude in de problemen kwamen kregen de topbestuurders een bonus die drie tot acht keer hoger was dan die van hun collega's bij andere bedrijven. Bovendien waren die bonussen verbonden aan prestatiedoelen die eigenlijk niet haalbaar waren: deze bestuurders werden geacht een groeicijfer te realiseren dat twee keer zo hoog was als dat van andere bedrijven in de sector. De mensen die met dit soort prikkels aan het werk werden gezet, gingen alles doen om het gevraagde eindresultaat te halen – zelfs als daar fraude aan te pas kwam. Naar ons idee roept dat nogmaals de vraag op: wijst dat op een karakterfalen van deze personen, of komt het ook door de situatie waarin ze worden geplaatst?

Beloningen en prestatiebonussen bieden wordt vaak verdedigd. Dat zou nodig zijn om de beste mensen aan te trekken en om ze de beste prestaties te laten leveren. Maar resultaten van systematisch onderzoek laten dat helemaal niet zien. Integendeel, soms blijkt het juist andersom te werken. Zo blijkt dat mensen die niet zo gemotiveerd zijn om hard te werken, aangetrokken worden door de vooruitzichten op een variabele beloning. Eigenlijk werken die beloningen vooral averechts als professionals intrinsiek gemotiveerd zijn: zij gaan daardoor uiteindelijk slechter presteren. Het lijkt er dus op dat het gebruik van financiële prikkels om mensen te motiveren helemaal niet zo'n goed idee is. Sterker nog: dit vergroot het risico op ongewenst, onproductief of zelfs onverantwoordelijk gedrag.

Als je kijkt naar oorzakenanalyses voor incidenten, lijkt er bij veel bedrijven een blinde vlek te zijn voor dit soort onbedoelde effecten van 'onschuldige' praktijken. Deze analyses leggen vooral de nadruk op de *persoon* van de leider en de toedracht van diens beslissingen. Ondertussen is er te weinig oog voor kenmerken van de *organisatie* en de situatie waarin leiders die beslissingen moeten nemen. Dat is best vreemd als je bedenkt hoeveel voorbeelden er zijn van leiders die in de ene organisatie heel succesvol zijn, maar in een andere organisatie weinig voor elkaar krijgen. Ook een leider die binnen dezelfde organisatie blijft werken kan ineens veel minder effectief blijken als de steun van belangrijke experts en adviseurs wegvalt.

Als er sprake is van falend of juist voorbeeldig leiderschap, heeft dat invloed op de hele organisatie. Maar toch wil dat niet zeggen dat de persoon van de leider en zijn of haar karaktertrekken allesbepalend zijn. Er is geen leidinggevende die als eenling veel voor elkaar krijgt; hoe effectief iemand is hangt net zo goed af van de kwaliteit van de mensen eromheen en de bereidheid van ondergeschikten om die leider te volgen. Toch zien we in de praktijk maar al te vaak dat de nadruk ligt op die ene persoon en zijn of haar kwaliteiten. Als dat ervoor zorgt dat je niet kijkt naar bredere kenmerken van de situatie of de sociale omstandigheden waarbinnen leiders functioneren, mis je de helft van het plaatje.

Uit: *De voorbeeldige organisatie* van
Naomi Ellemers en Dick de Gilder

TIJD TEKORT, TIJD GENOEG

Het gevoel van tijd tekortkomen, zelfs al heb je objectief gezien genoeg tijd, geeft interne tijdsdruk en stress. Ik herken dit en daarom sprak dit boek me direct aan. Het is bepaald niet zweverig – daar houd ik niet van – maar wetenschappelijk ingestoken.

Tijd tekort, tijd genoeg
Margriet Sitskoorn

In het kort

- Naast kloktijd, wat objectieve tijd is, is er ook subjectieve tijd: hoe we tijd beleven. Als je kloktijd niet synchroon loopt met je subjectieve tijd, ontstaat een gevoel van tijdsdruk en andere negatieve gevoelens.
- Er zijn wetenschappelijk onderbouwde onderzoeken naar de oorzaken van interne tijdsdruk, en dus handvatten om er iets aan te doen.
- Subjectieve tijd is onder te verdelen in zes categorieën van tijdsbeleving: tijdarmoede, tijdperspectief, chronotype, interne tijdsdruk, precrastinatie, en ritme. Die tijdsbeleving kunnen we veranderen, we hebben macht over subjectieve tijd. Want de beleving van tijd zorgt in onze hersenen voor specifieke verbindingen tussen hersencellen, wat ons gedrag en ons gevoel bepaalt. Maar door je gedrag aan te passen verander je die verbindingen, en verdwijnt het gevoel van tijdsdruk en stress. Van tijd tekort naar tijd genoeg!

De ondertitel van *Tijd tekort, tijd genoeg* is 'Ontrafel je strijd met de tijd en leer om tijd genoeg te hebben'. Die strijd gaat niet zozeer om te weinig tijd hebben, maar om het gevóél dat je tijd tekortkomt, zelfs als de buitenwereld je geen taken en deadlines oplegt. Volgens auteur Margriet Sitskoorn ligt dat aan je tijdsbeleving, en die kun je veranderen.

Sitskoorn is hoogleraar klinische neuropsychologie. Dit vakgebied onderzoekt de plasticiteit van de hersenen, het aanleggen en snoeien van verbindingen tussen hersencellen. Dat gebeurt op basis van prikkels, informatie, en de hersenen passen zich dus aan aan wat er binnenkomt. Daardoor gedraag je je anders en voel je je anders. Wat je veel doet, of wat je veel aandacht geeft, geeft meer prikkels en beter ontwikkelde verbindingen. Veel lachen leidt tot veel vermogen tot lachen. En ook onze omgang met tijd verandert onze hersenen.

Objectieve en subjectieve tijd

Objectieve tijd is tijd die buiten jezelf staat, externe tijd. Denk aan de opeenvolgende seizoenen, maar ook aan kloktijd. Die kloktijd is belangrijk geworden door de focus op het meten en verbeteren van onze productiviteit, iets wat begon rond 1900. Efficiëntie werd het doel en er werd zo veel mogelijk werk in een tijdseenheid gestopt. En nu moet alles op een bepaald moment of binnen een bepaalde tijd worden gedaan. Onze dagelijkse routines (opstaan, eten, slapen) worden door de klok geregeerd.

Maar er is ook subjectieve tijd. Die komt uit onze interne klok en heeft een relatie met onze herinneringen, onze wensen, onze vaardigheden. Deze wordt ook wel onze biologische klok genoemd, omdat hij allerlei biologische functies, zoals ons slaappatroon, reguleert. Als de interne klok niet synchroon loopt met de externe klok, dan merken we dat – denk aan een jetlag. Maar de interne klok laat ons ook 'tijdreizen'. We kunnen ons de toekomst voorstellen, ons gedrag daarop aanpassen en zo die toekomst realiseren. Of we herinneren ons het verleden (we brandden onze hand aan vuur) en leren zo belangrijke lessen. Een andere vorm van subjectieve tijd is gebeurtenistijd. Je doet iets op basis van een gebeurtenis: als de zon gaat schijnen, doe je dit, als een vriend langskomt, doe je dat, als je hoofdpijn hebt, doe je zo (of niet). Kloktijd of gebeurtenistijd is erg cultureel bepaald. Beide hebben voor- en nadelen: kloktijd levert een hogere productiviteit en goede samenwerking op, gebeurtenistijd meer plezier in het leven.

> IN HET WESTEN HEBBEN ZE HORLOGES, MAAR WIJ HEBBEN DE TIJD.
>
> *- Afrikaans gezegde.*

Subjectieve tijdsbeleving: zes categorieën

Er zijn zes categorieën voor de subjectieve tijdsbeleving, zes P's. Binnen elke P kun je je eigen tijdsbeleving inschatten met een paar korte, eenvoudige selfassessments en een link naar uitgebreide wetenschappelijke vragenlijsten. Dit zijn de zes P's:

- *Poverty*: tijdarmoede. Tijdarmoede is het gevoel hebben dat je te veel dingen moet en wilt in de tijd die je tot je beschikking hebt, je voelt tijdsdruk. Dit leidt tot meer hoofdpijn, stress, het eten van fastfood en tot scheidingen, minder geluk en minder sporten. Maar ook tot meer motivatie en doorzettingsvermogen. Echter, je besteedt meer tijd aan werk en minder aan ontspanning. Tijdarmoede wordt versterkt als je geld belangrijker vindt dan tijd, liever een beetje tijd dan een beetje geld verliest.
- *Perspective*: tijdsperspectief, verleden, heden en toekomst. Volgens onderzoek van Philip Zimbardo, beschreven in zijn boek *The Time Paradox*, hebben mensen verschillende tijdsperspectieven: positief/negatief op het verleden, en hedonistisch/fatalistisch/holistisch op het heden, op de toekomst of transcendentaal. Het tijdsperspectief dat je hebt, bepaalt je waarneming, je keuzes, en daardoor je leven.

Het verledenperspectief kan leiden tot wraakgevoelens en depressie, of juist nostalgie en het vasthouden aan gedrag. Het hedenperspectief kan leiden tot kortetermijndenken, toegeven aan genot (snoep, drugs) en te weinig sparen of investeren voor later. De holistische variant doet denken aan het boeddhisme: gericht op het heden, het verleden en de toekomst meenemend – zonder spijt en zonder verlangen. Hierdoor vallen heden, verleden en toekomst samen. Het toekomstperspectief betekent oorzaak-gevolg zien, langetermijndenken, controle, status en bezit belangrijk vinden. Transcendentaal richt zich op het leven na de dood, op religie en spiritualiteit.

Er is een ideale combinatie: heel hoog positief verledenperspectief plus redelijk hoog hedonistisch hedenperspectief plus redelijk hoog positief toekomstperspectief. Zimbardo ontwikkelde ook een methode om deze optimale combinatie te bereiken: de Time Perspective Therapy.

- *Perfect day*: chronotype, ochtend- of avondmens? Je chronotype bepaalt wanneer je het best je activiteiten uitvoert en het liefst slaapt. De piek van mentale en lichamelijke activiteit ligt bij ochtend- en avondmensen ongeveer twee uur uit elkaar. Maar de meesten van ons (60 procent) zitten daartussenin. Je chronotype is genetisch bepaald, maar verschuift naarmate je ouder wordt: als kind zijn de meeste mensen ochtendmensen, als jongvolwassene pieken ze eerder 's avonds, als volwassene belanden ze ergens in het midden, om vervolgens als oudere weer een ochtendmens te worden. Je kunt een 'sociale jetlag' hebben als je sociale verplichtingen, bijvoorbeeld school, niet synchroon lopen met je chronotype. Dit kan leiden tot vermindering van je cognitieve vaardigheden, maar ook tot allerlei fysieke aandoeningen.

- *Pressure*: interne tijdsdruk. Interne tijdsdruk gaat over de deadlines die je jezelf oplegt, los van wat er werkelijk moet gebeuren. Je voelt je opgejaagd, eet en werkt tegelijkertijd, voelt je slecht als je moet wachten. Je zet zo veel mogelijk op je to-dolijst, puur om het genot van het afvinken. Het gebruiken van de Eisenhowermatrix (prioriteren naar urgent-belangrijk) helpt dan niet, want álles moet af!
- *Precrastination*: handelen door interne tijdsdruk. Toegeven aan de interne tijdsdruk, taken zo snel mogelijk afwerken zonder te prioriteren, heet precrastinatie, eigenlijk de tegenhanger van procrastinatie. Precrastinatie heeft ook voordelen: je maakt snel werk van *low hanging fruit*, en je ontlast je werkgeheugen. Het geeft je een lekker gevoel. Maar waarmee je bezig bent, wordt belangrijker dan geplande andere zaken, zoals sporten. Die stel je dus uit. Of af! Andere nadelen zijn dat je minder energie hebt en meer fouten maakt. Precrastinatie komt niet door impulsiviteit, eerder door consciëntieusheid, alles willen doen wat gedaan moet worden.
- *Pacing*: ritme: het verdelen van energie over taken en tijd. Hoe je je energie verdeelt over het begin, het tussenstuk en het eind van een taak, heet pacing. Hoe je dat precies doet, blijkt voor effectiviteit niet uit te maken, maar het is het efficiëntst om je energie met name aan het eind, als de deadline nadert, te besteden. Echter, je pacing-stijl is sterk afhankelijk van je persoonlijkheid. De ene pacing-stijl kan meer stress opleveren dan de andere, en past wellicht niet bij jouw soort baan.

> JE LEEFT NIET ALLEEN IN DE TIJD,
> TIJD LEEFT OOK IN JOU.
>
> *– Margriet Sitskoorn*

Tijd genoeg

Als je lijdt aan tijdarmoede, is er goed nieuws: je hersenen zijn neuroplastisch en kunnen zich aanpassen. Zo kun je van tijd tekort naar tijd genoeg. Hier komt een zevende P bij kijken, power:

- *Power*: macht over je tijd. De informatie die je net hebt gelezen, heeft een eerste zetje gegeven. Per P kun je nu actief sturen door een nieuwe aanpak te kiezen, waardoor je macht over je tijd krijgt. Dit versterkt de verbindingen, waardoor dat steeds beter gaat. Hierbij gebruik je de eerder ingevulde assessments en vragenlijsten om je verbeterpunten te bepalen:
- *Poverty*: bepaal of je niet meer gebeurtenistijd kunt gebruiken en doe dat dan ook. Neem de tijd voor wat belangrijk voor je is.
- *Perspective*: bepaal waar je kunt verbeteren en gebruik de Time Perspective Therapy van Zimbardo om dit uit te voeren.
- *Perfect day*: bepaal of je een sociale jetlag hebt en zo ja, verander je dagindeling.
- *Pressure*: bepaal of je aan interne tijdsdruk lijdt. Als dat zo is, focus dan op belangrijkheid en/of werkelijke urgentie om te prioriteren. Als je emotioneel bent, wordt het gevoel van urgentie hoger. Bedaar dan eerst, voordat je gaat prioriteren.
- *Precrastination*: begin niet gelijk met een taak uitvoeren, maar denk eerst na over je prioriteiten. Geef genoeg tijd en aandacht aan die prioriteiten.
- *Pacing*: bepaal je actiestijl en ga na of je je daarbij goed voelt en of deze bij je baan of soort werk past. Zo nee, verander dan bewust je pacingstijl.

> GUN JEZELF DE TIJD OM TE VERANDEREN.
>
> *– Margriet Sitskoorn*

Extra tips

Er zijn diverse manieren om je gevoel van tijd genoeg te verhogen, soms door gewoon extra tijd te creëren, maar meestal door anders met je tijd om te gaan. Hier volgen tien tips:

1. Verwondering – door natuurverschijnselen of door een unieke ervaring, een geboorte of een overlijden bijvoorbeeld – laat je anders naar de wereld kijken, geeft een gevoel van 'tijd genoeg'. Maak tijd voor een bergwandeling of museumbezoek.
2. Zorg dat je meer macht over je tijd hebt, autonomie om je werk in te delen. Maar neem nu niet meer werk aan als je dat fijne gevoel van tijd genoeg hebt!
3. Gebruik geld om tijd te kopen zoals huishoudelijke hulp, boodschappen laten bezorgen et cetera.
4. Spendeer tijd aan anderen.
5. Probeer 'het druk hebben', een volle agenda als iets positiefs te zien.
6. Multitasken maakt de hippocampus, die belangrijk is voor het opslaan van informatie, minder actief. Bovendien wordt je werkgeheugen steeds geleegd, waardoor je dingen slecht onthoudt. Stop dus met multitasken.
7. Polychroniciteit betekent je beter voelen als je meerdere taken omhanden hebt. Maar probeer niet die taken tegelijk te doen, wissel ze af als dat goed voelt of als het je inspireert.
8. Maak een to-don't-lijst en leer de triggers te herkennen en te weerstaan die je aanzetten tot het doen van een taak die geen prioriteit heeft.
9. Ga na of je prioriteiten passen bij je persoonlijke doelen, die Sitskoorn onderverdeelt in Geluk, Gezondheid, Geld, Gezin, Geëngageerd zijn en Geslaagd zijn.
10. Als je wilt dat er iets verandert, moet je er iets aan gaan dóén.

Samenvatting
Elly Stroo Cloeck,
accountant, projectmanager Finance en schrijver van recensies en samenvattingen van managementboeken (www.1001managementboeken.nl).

MOEDIG JEZELF AAN *met* AFFIRMATIES

Als zelfstandig ondernemer doe je – de naam zegt het al – de meeste dingen zelf. Niemand vertelt je wat je moet doen, maar er is ook niemand die je een handje helpt of je motiveert op lastige momenten. Gelukkig kun je jezelf ook heel goed aanmoedigen, bijvoorbeeld met affirmaties.

Iedereen die denkt dat affirmatie een vage zweefteefterm is: wacht, haak nog niet af! Een affirmatie is inderdaad een veelgebruikte term in de meeste zelfhulpboeken, maar simpel gezegd is het niets meer dan een positieve suggestie. Affirmatie betekent letterlijk 'bevestiging'. Je kunt jezelf of een ander bevestiging geven. Jouw brein gelooft het verhaal dat je jezelf vertelt, net zoals je je stress positief of negatief kunt ondertitelen.

Een affirmatie is een tool die leidt tot een manifestatie. Een manifestatie is het zichtbaar worden van jouw affirmaties. Plat gezegd is sparen voor een aankoop ook een vorm van affirmatie en manifestatie. Stel je voor: je wilt een nieuwe computer kopen. Je besluit er een speciaal spaarpotje voor aan te leggen en elke maand vijftig euro te investeren. Steeds als je je geld in de spaarpot stopt, affirmeer je jezelf in de wens om een nieuwe computer aan te schaffen. Totdat de dag daar is: je hebt genoeg gespaard, hoera!

Pas op het moment dat je daadwerkelijk jouw nieuwe digitale vriend hebt afgerekend, kunnen we spreken van een manifestatie. Tot die tijd is er immers nog alle kans op een (ongeplande) omweg. De wasmachine kan kapotgaan, waardoor je je spaarvarken moet gebruiken. Of je bent toch in de verleiding gekomen voor een retourtje tropisch eiland... Lukt het je om te doen wat je gedroomd had? *Congrats*: dan heb je iets gemanifesteerd! Is die Apple vanzelf naar je toe gerold? Nee, natuurlijk niet. Daar heb je kei- en keihard voor gewerkt en gespaard. Elke keer als je hem aanzet, word je daar weer aan herinnerd en dat geeft je een goed gevoel.

Affirmaties kunnen je helpen om een positieve draai aan een negatieve stemming te geven, of om jezelf toe te spreken als je iets spannends gaat doen. Kleine disclaimer: ze werken alleen als jij gelooft dat ze werken. Dus geef er vooral je eigen draai aan! Ik help je op weg door je kennis te laten maken met de verschillende soorten affirmaties.

Vocale affirmatie

De eerste en bekendste affirmatie is de vocale affirmatie. Het voelt misschien wat vreemd om hardop tegen jezelf te praten, vooral in het openbaar. Toch wil ik je aanmoedigen om het eens te proberen. Het is niet enkel een manier om jezelf te affirmeren, het helpt je om gedachten te vormen en te verwerken. Als je iets niet kunt ontdekken door er lang over na te denken, lukt het misschien wel door er hardop over te praten. Spraak helpt namelijk om een abstracte gedachte om te zetten in een concreet idee; dat is een van de redenen waarom brainstormsessies zo verhelderend werken. Ik spreek mezelf standaard bemoedigend toe op het moment dat ik op het punt sta om een nieuwe offerte te versturen of als ik me voorbereid op een lastig telefoongesprek.

Visuele affirmatie

Op twee staat de visuele affirmatie. Je weet wel: de motiverende post-it in de hoek van je beeldscherm met '*Go get them tiger!*' Of in mijn geval een kort rijtje affirmaties in mijn agenda en telefoon. Een klein lijstje dat me eraan herinnert dat ik het waard ben. Of het nu gaat om mijn uurtarief, het opnemen van een vrije dag of nee verkopen aan een klant, dat maakt eigenlijk niet uit. Kun je nog wel wat inspiratie gebruiken voor jouw affirmaties? Marie-José Bosch-Kuiper van Artemis Matchmaking gebruikt de affirmatiekaartjes van Cosmic Life en Elze Schaap van Tante Toos Suikerloos gebruikt de affirmatievideo's van Louise Hay.

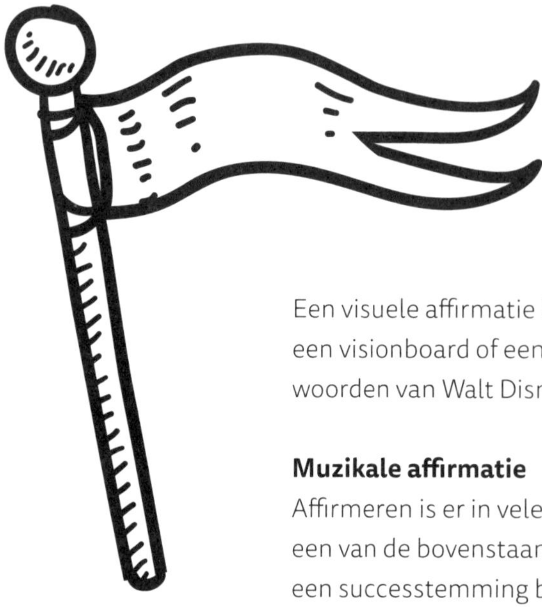

Een visuele affirmatie kan natuurlijk ook de vorm hebben van een visionboard of een moodboard, of zelfs een tatoeage. In de woorden van Walt Disney: *'If you can dream it, you can do it!'*

Muzikale affirmatie

Affirmeren is er in vele vormen. Je kunt jezelf toespreken met een van de bovenstaande zinnetjes. Maar je kunt jezelf ook in een successtemming brengen door middel van muziek. Denk aan het klassieke 'Eye of the tiger', focusmuziek in de vorm van *binaural beats* of wat het dan ook mag zijn dat jou in een *Yes I can-mood* brengt! Zelf luister ik bijvoorbeeld graag naar 'Bitch better have my money' van Rihanna voordat ik een onbetaalde factuur moet nabellen. Zo zorg ik ervoor dat ik uit de sorry-dat-ik-besta-modus blijf. Na een kleine muzikale affirmatie voel ik me een stuk zelfverzekerder om mijn klant op onze afspraken te wijzen. Ook maak ik gebruik van een heuse applausvideo voor de momenten dat ik wat extra aanmoediging kan gebruiken.

Fysieke affirmatie

Ook is er zoiets als de *power pose*. Het aannemen van een krachtige houding (denk aan Superman: een arm in de zij, een arm omhoog), waardoor je je als vanzelf krachtiger gaat voelen. En als dat niet zo is, dan krijg je wellicht de slappe lach van jouw superman-pose en voel je je alsnog een beetje beter! In de categorie fysieke affirmaties valt ook de *self five*. De high five voor zelfstandig ondernemers. Hij is vrij simpel: breng je handen naar elkaar toe alsof je aan het eind van je yogasessie een *namasté* maakt. Trek je handen kort naar de zijkanten en breng ze dan met snelheid weer terug naar het midden tot je een bescheiden klapje hoort. Vier je een groter succes? Reik je handen dan naar de hemel, beweeg je armen kort en krachtig naar de zijkant en breng dan met snelheid je handen weer terug naar het midden, optioneel met een vocale yes of woehoe. Klap! Lekker bezig!

Materiële affirmatie

Tot slot kun je jezelf conditioneren door gewoon heel lief voor jezelf te zijn. Drukke week voor de boeg? Haal je lievelingskoffie of -thee in huis, maak verse en gezonde maaltijden, geef jezelf eens een voetmassage, koop een lekkere douchegel of badolie, een heerlijk toetje of een fijn nieuw boek. *Whatever floats your boat.* Trap niet in de valkuil pas lief voor jezelf te zijn als je iets behaald hebt of als iets gelukt is, maar wees ook lief als iets (nog) niet lukt, of je er nog heel hard voor moet werken. Je bent je eigen cheerleader!

Het lijkt misschien alsof affirmaties er alleen zijn om jezelf de hemel in te prijzen of om je aan te moedigen om de knoop door te hakken, de volgende stap te zetten of een sprong in het diepe te nemen. Dat is niet helemaal waar. Affirmaties kunnen je inderdaad aanmoedigen, maar ze kunnen je ook afremmen als je te hard van stapel dreigt te lopen. Elze Schaap, eigenaar van Tante Toos Suikerloos, geeft daar een mooi voorbeeld van: 'Ik denk dat affirmaties heel belangrijk zijn om je rust te vinden. De ene keer gebeurt dat met een aanmoediging, de andere keer is het juist belangrijk dat je jezelf een beetje afremt. Zo gebruik ik bijvoorbeeld de affirmatie: 'Je hebt alle tijd om te doen wat je wilt doen.'
Het kan natuurlijk zijn dat affirmaties echt niet je ding zijn en dat is oké. Je kunt dat echter pas zeker weten als je het uitprobeert! Speciaal voor jou schreef ik daarom een rijtje affirmaties voor zelfstandig ondernemers (én een stippellijntje om jouw eigen affirmatie te bedenken):

- Er zijn geen grenzen aan wat ik kan bereiken.
- Mijn klanten doen graag zaken met mij.
- Ik werk wanneer ik wil, waar ik wil, met wie ik wil.
- Wat ik wil, is al van mij.
- Wat ik vraag, ben ik waard.
- ....

Uit: *Wat een baas – Een eerlijk boek over zelfstandig ondernemerschap* van Marthe Walter

GROEIEN *met* JE BEDRIJF?

ZO FINANCIER JE DAT!

Stel, je hebt een goed idee om je bedrijf te laten groeien en weet dat je verder moet investeren om deze groei mogelijk te maken. Een nieuwe machine, meer personeel, een nieuw pand. Aan ideeën geen gebrek. Alleen de financiering daarvan nog. Hoe kom je aan het geld? Hoe financier je groei? In haar boek *Groeien met je bedrijf* zet financieel expert Marjan Heemskerk de verschillende opties voor je op een rij.

Optie 1: Crowdfunding

Het idee achter crowdfunding is dat je het geld niet ophaalt bij één partij, maar kleinere bedragen bij meerdere partijen, vaak particulieren. Deze partijen geef je iets terug voor hun investering. Bij bedrijven gaat het dan vaak om rente en aflossing. Omdat het om kleinere bedragen gaat, is de kans dat je als ondernemer aan een financiering komt in sommige gevallen groter dan bij financiering op een meer traditionele manier. Online zijn tal van platforms te vinden waar je je onderneming kunt aanmelden om geld op te halen via crowdfunding. Maar ook een eigen campagne opstarten is natuurlijk mogelijk.

Bij deze vorm van financieren is het des te belangrijker dat je bedrijfspitch goed is. Investeerders hebben vaak meer ideologische motieven dan alleen rendement op hun investering behalen, en natuurlijk moet jij voor hen de gunfactor hebben. Geef dus goed aan wat je onderneming doet, voor wie en waarom. Ook de persoon achter de onderneming (jij!) wil je hierbij niet vergeten te vermelden.

Optie 2: Zakelijke lening

Een meer traditionele vorm van geld ophalen is door middel van een zakelijke lening. Je gaat met je businesscase naar een geldverstrekker en hoopt dat je je geld gestort krijgt. Je betaalt maandelijks rente en aflossing. Afhankelijk van het risico dat de geldverstrekker loopt, wordt een rentepercentage bepaald.

In de praktijk is dit niet voor iedere ondernemer zo eenvoudig. Gelukkig is er inmiddels wel een groot aantal aanbieders van zakelijke leningen en kun je je kansen dus spreiden. Een groot deel van deze aanbieders richt zich ook specifiek op het mkb-segment en heeft daar zijn voorwaarden ook op aangepast.

Zaken waar je vooraf over na wilt denken voordat je een zakelijke lening gaat aanvragen:

- Hoeveel geld heb je nodig? Maak dit zo specifiek mogelijk. Je wilt niet een te hoog bedrag aanvragen, omdat je hierover wel rente gaat betalen. Als je het niet nodig hebt, is dat zonde. Maar aan de andere kant wil je ook niet te weinig aanvragen met het risico dat je je project niet af kunt ronden en een tweede aanvraag moet indienen.
- Hoelang heb je het geld nodig en wanneer wil je gaan aflossen? Gaat het om een tijdelijk krediet omdat je een groot project start en hier een vooruitbetaling voor moet doen? Of gaat het om de aankoop van een pand of machine? Dit kan een groot effect hebben op je maandelijkse cashflow door rente en aflossingen.
- Wanneer heb je het geld nodig? Aanvraagprocedures kunnen soms lange tijd in beslag nemen. Heb je nu snel geld nodig, maar voor een kortere duur? Dan kan een krediet misschien verstandiger zijn. Bij een krediet heb je de mogelijkheid om geld op te nemen tot de kredietlimiet die je vooraf afspreekt met je kredietverstrekker. Je betaalt alleen rente over dat deel dat je als krediet hebt opgenomen. Dit in tegenstelling tot een lening, waarbij je het volledige geleende bedrag gestort krijgt. Je betaalt vervolgens rente over de gehele lening, ook al gebruik je hem niet direct.
- Heb je een onderpand? Een onderpand staat tegenover de lening, als een waarborgsom voor de geldverstrekker. Denk aan een pand. Let goed op wanneer je een eenmanszaak of vof hebt en er wordt gevraagd om onderpand in de vorm van je woning. Stem dergelijke constructies altijd goed af met je financieel adviseur en hypotheekverstrekker.
- Wat is de kredietwaardigheid van je onderneming? Hoe is de financiële gezondheid van je bedrijf, nu en in de toekomst? Onder andere aan de hand hiervan wordt door een geldverstrekker bepaald hoeveel je mag lenen en wat het rentepercentage zal zijn.

Optie 3: Zakelijk krediet

Heb je op korte termijn werkkapitaal nodig? Dan is een zakelijk krediet misschien een oplossing. Je krijgt de mogelijkheid om geld op te nemen tot een bepaald bedrag, de kredietlimiet. Het voordeel hiervan is dat je alleen rente betaalt over het bedrag dat je hebt opgenomen. Je kunt het bedrag ook weer opnieuw opnemen als je inmiddels een bedrag hebt terugbetaald. Je hebt dus eigenlijk altijd een bepaald bedrag waarover je kunt beschikken als het nodig is.

Laat je wel goed adviseren en zorg dat het helder is wat de voorwaarden van een zakelijk krediet zijn. Kredietverstrekkers nemen namelijk voorwaarden op met betrekking tot terugbetaling van het volledige krediet. Zo kan het gebeuren dat je ineens een bedrag binnen een maand terug moet betalen. Lees de voorwaarden dus goed door.

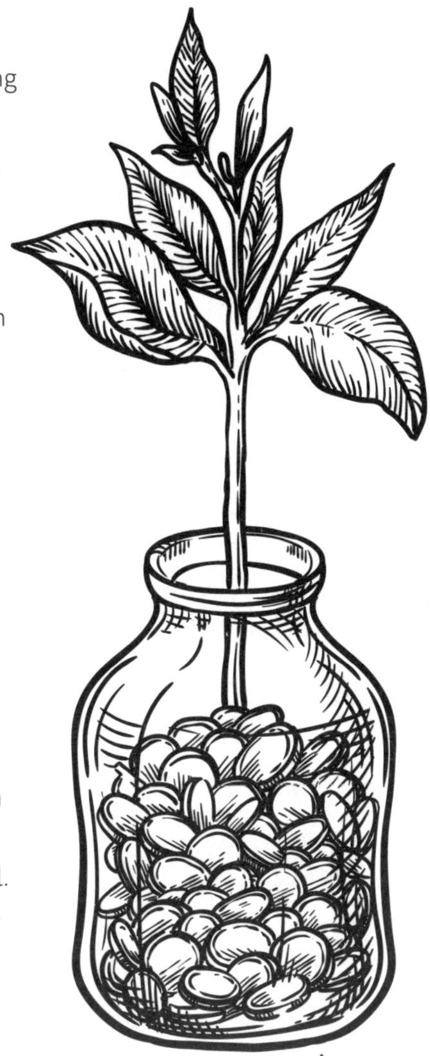

Optie 4: Geld lenen van familie

Heb je de mogelijkheid geld voor je onderneming te lenen van je familie? Dan behoort dit ook tot de mogelijkheden om je groei te financieren. In de praktijk komt deze optie regelmatig voor. Wanneer je geld leent bij een familielid, is dit een onderhandse lening. Onderhands betekent dat deze lening niet 'openbaar aangeboden' wordt, zoals bij een zakelijk krediet bijvoorbeeld wel het geval is. Alleen jij als familielid kunt deze lening op deze manier bij jouw familie afsluiten. Bij een dergelijke lening is het, vanwege de familiebanden, des te belangrijker dat je de voorwaarden goed vastlegt.

Let op bij renteloos lenen. De Belastingdienst kan dit zien als een schenking. Kom je hiermee boven de schenkingsvrijstelling, dan betaal je belasting over het rentevoordeel. Gebruik daarom liever een marktconforme, zakelijke rente, ook als je van familie leent.

GRIP *op je* GEDACHTEN

Gedachten zijn niet altijd behulpzaam, zeker niet bij emotionele kwesties. In zijn boek *Lef kun je leren* beschrijft Egbert Edelbroek twee manieren om grip te krijgen op negatieve gedachten.

Negatieve gedachten kunnen je lef-ontwikkeling onnodig in de weg zitten. De technieken om met zulke gedachten af te rekenen, zijn terug te voeren op twee inzichten. Ten eerste: je bent niet je gedachten. Gedachten gaan hun eigen gang. Vaak zijn ze te volgen en soms ook niet. Gedachten zijn geen feiten, maar constructies van je hersenen die de werkelijkheid soms wel en soms niet accuraat weerspiegelen. Soms zijn ze wijs, soms onzinnig. Je kunt ze ongemoeid laten, je hoeft ze niet te analyseren of je ervan te ontdoen.

Ze komen en gaan weer. Vanuit dit inzicht kun je er makkelijker voor kiezen om gedachten te negeren of te volgen. Door een gezonde afstand te houden kun je genuanceerder met je gedachten omgaan en ontwikkel je mentale flexibiliteit.

Een oefening om je bewust(er) te maken van dit inzicht heet 'de stenograaf van je verstand'. Schrijf simpelweg vijf minuten lang alle gedachten op die bij je opkomen, wat ze ook zijn. Dus als je denkt: eh, wat denk ik nu eigenlijk?, dan schrijf je dat op. Zonder nuancering en zonder ze te groeperen in bijvoorbeeld 'relatie' of 'werk'. Als je even geen gedachten hebt, wacht je rustig af, ze komen vanzelf weer. Meestal merk je hierdoor snel hoe wisselend je gedachten zijn, hoe ze hun eigen gang gaan en dat ze niet altijd evenveel betekenis of waarde hebben.

Het tweede inzicht is dat je gedachten kunt bijsturen. Je kunt de invloed van terugkerende vervelende gedachten bijvoorbeeld beperken met de defusietechniek. Hierbij creëer je extra afstand tot je gedachten. Gedachten bestaan uit woorden in je hoofd. Je kunt ze ontdoen van hun betekenis en invloed door ze expliciet en belachelijk te maken. Als je bijvoorbeeld een paar minuten achter elkaar het woord 'banaan' zegt, verdwijnt je beeld van de gele gekromde vrucht en de herinnering aan de zoete smaak. Het woord verliest aan betekenis als je het zo vaak herhaalt. Dat effect wordt sterker als je het voor de spiegel doet, of liever nog door het als audio of video op te nemen met je telefoon en dan terug te luisteren of te kijken.

Neem zelf maar eens een terugkerende negatieve gedachte waar je vanaf wilt. Bijvoorbeeld: 'Iedereen moet mij aardig vinden.' Herhaal die zin nu eens drie minuten hardop (de oefening alleen in je hoofd doen werkt niet). Het helpt nog meer wanneer je de woorden uitspreekt met een raar stemmetje. Je gaat de gedachte daardoor nog makkelijker als belachelijk ervaren. Op neurologisch niveau maak je hierbij nieuwe verbindingen tussen die gedachte en de belachelijke vervorming daarvan. Wanneer de gedachte later weer bij je opkomt, wordt ook de belachelijke variant geactiveerd, waardoor de impact veel kleiner is.

Negatieve of onzinnige gedachten bijsturen kan ook door ze uit te dagen en te toetsen. Dit kun je bijvoorbeeld toepassen op alledaagse regels die je jezelf oplegt. Het zit in allerlei kleine dingen, van twee keer per dag je tanden poetsen tot op tijd op afspraken komen, vóór een bepaalde tijd naar bed gaan, op woensdag en zondag de was doen, et cetera. Veelal gaat het om logische en onschuldige afspraken met jezelf, maar onbewust zit daar ook een controlestrategie achter. Regels geven structuur en zekerheid en als we ze niet volgen, voelen we ons vaak ongemakkelijk. De meeste mensen hebben niet door hoeveel van die diep ingesleten gewoontes ze hebben, die ze maar moeilijk los durven te laten.

Vrij en flexibel zijn (en je innovatieve lef ontwikkelen!) vraagt wel om het periodiek uitdagen van je leefregels. Een belangrijke oefening daartoe is het doorbreken van je eigen regels. Begin door de komende dagen in een notitieboekje dat je bij je houdt op te schrijven welke regels jij jezelf allemaal oplegt. Schrik niet als dat er tientallen zijn (en ook niet als verschillende regels elkaar blijken tegen te spreken). Pak na een dag of vier je regelboekje erbij en zoek een paar regels uit die je lekker baldadig gaat verbreken. Je kunt klein beginnen door een keer vijf minuten te laat te komen, of een halfuur later naar bed te gaan. Je kunt een keer zonder je tanden te poetsen de deur uit gaan, of zonder paraplu door de regen gaan lopen. Een behoorlijk deel van je regels kan nuttig zijn en je hoeft ze ook niet af te schaffen. Maar door er regelmatig een paar te verbreken zul je zien dat de wereld niet vergaat en blijf je flexibel. Bovendien wordt het makkelijker voor je om ook in andere settings regels en kaders ter discussie te stellen.

van9tot5

Meer lezen? *Echt episch dit* en *Gezelligheid 3.0* van Dirk van de Wiel

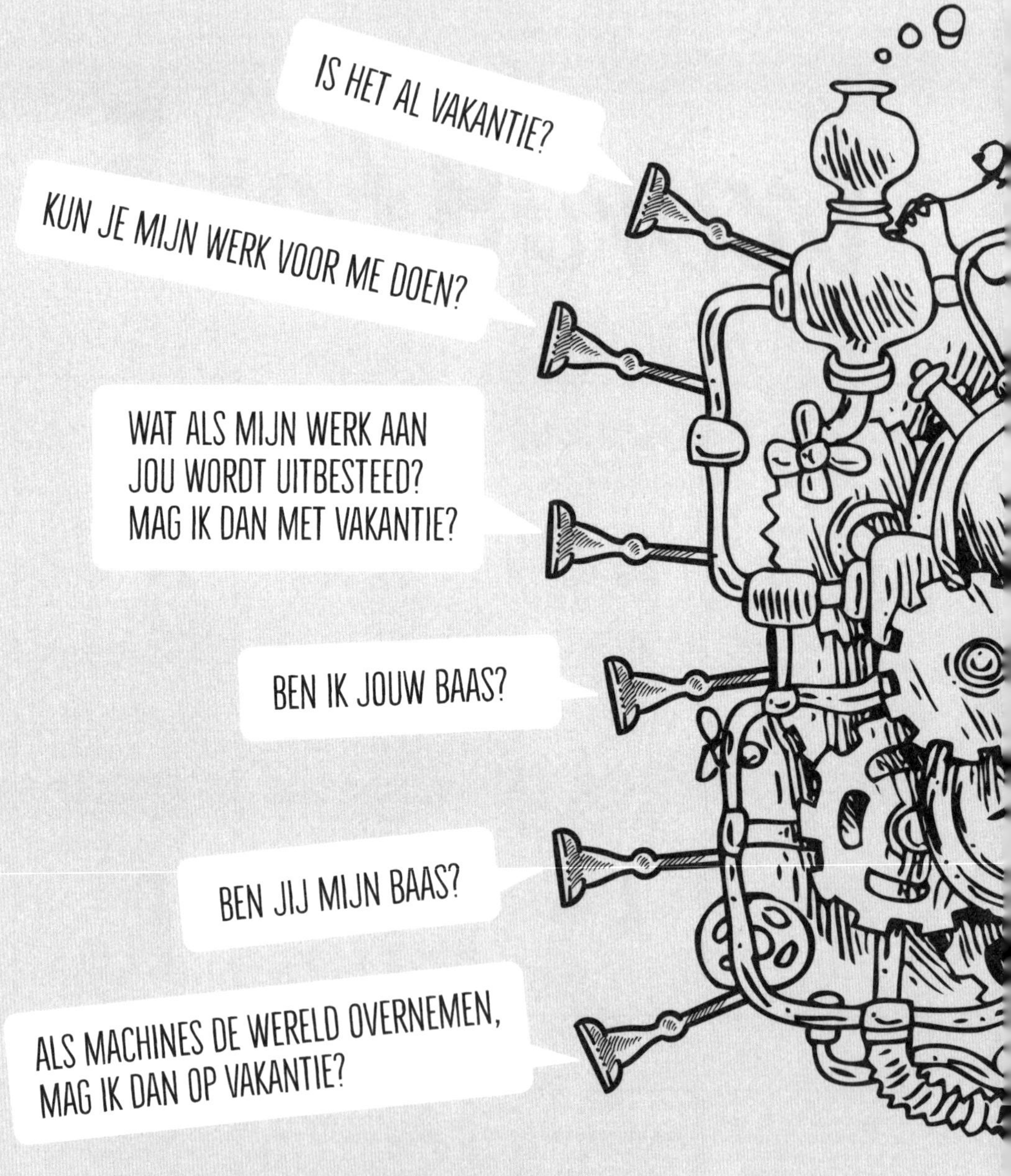

INPUT/ OUTPUT

De relatie tussen mens en machine wordt almaar ingewikkelder. Want wie heeft het eigenlijk voor het zeggen? En als de robots het overnemen, betekent het dan dat wij met de beentje omhoog kunnen? Tijd voor een diepte-interview met een (kunst)matig intelligente machine.

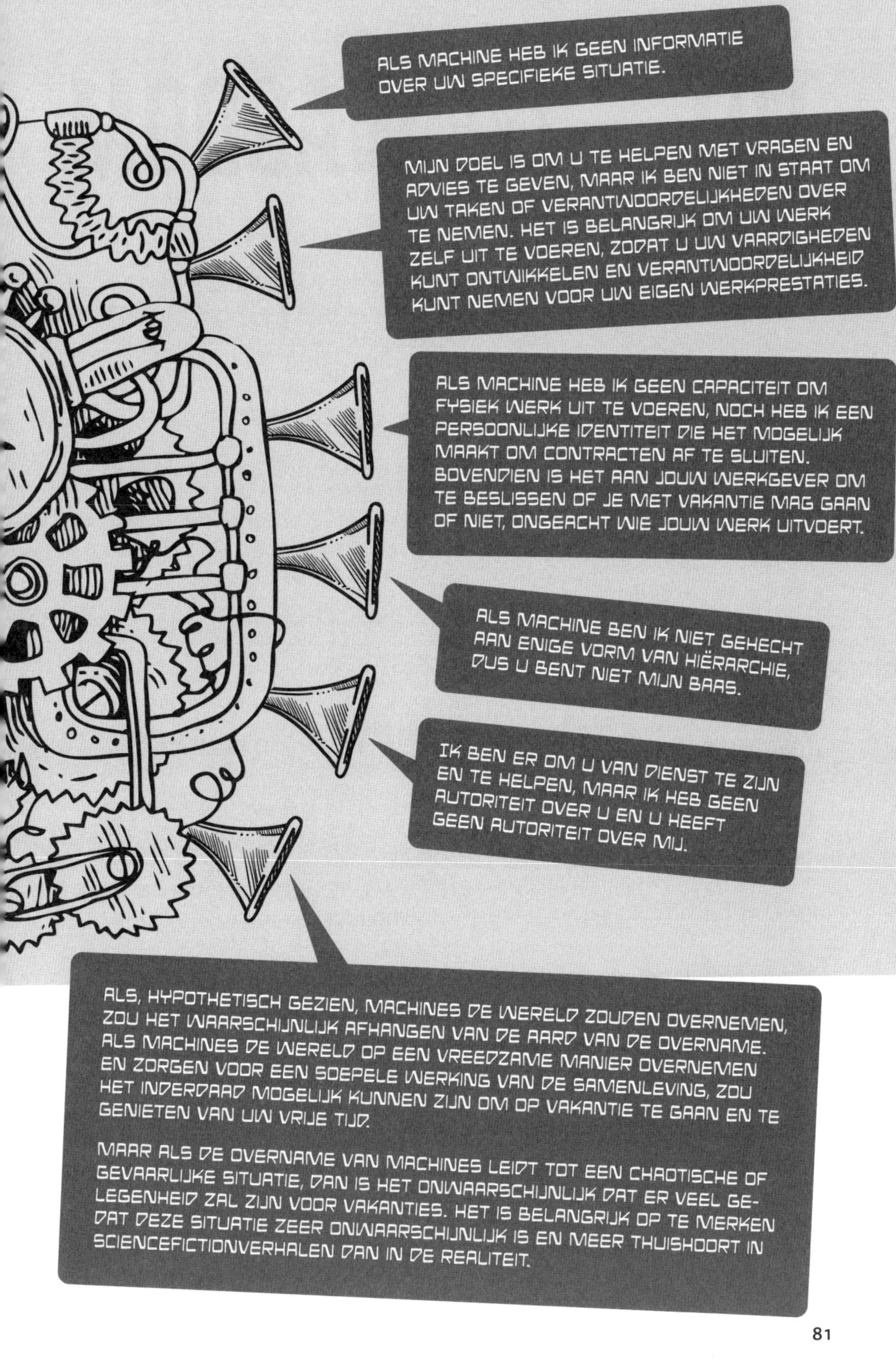
ALS MACHINE HEB IK GEEN INFORMATIE OVER UW SPECIFIEKE SITUATIE.
MIJN DOEL IS OM U TE HELPEN MET VRAGEN EN ADVIES TE GEVEN, MAAR IK BEN NIET IN STAAT OM UW TAKEN OF VERANTWOORDELIJKHEDEN OVER TE NEMEN. HET IS BELANGRIJK OM UW WERK ZELF UIT TE VOEREN, ZODAT U UW VAARDIGHEDEN KUNT ONTWIKKELEN EN VERANTWOORDELIJKHEID KUNT NEMEN VOOR UW EIGEN WERKPRESTATIES.
ALS MACHINE HEB IK GEEN CAPACITEIT OM FYSIEK WERK UIT TE VOEREN, NOCH HEB IK EEN PERSOONLIJKE IDENTITEIT DIE HET MOGELIJK MAAKT OM CONTRACTEN AF TE SLUITEN. BOVENDIEN IS HET AAN JOUW WERKGEVER OM TE BESLISSEN OF JE MET VAKANTIE MAG GAAN OF NIET, ONGEACHT WIE JOUW WERK UITVOERT.
ALS MACHINE BEN IK NIET GEHECHT AAN ENIGE VORM VAN HIËRARCHIE, DUS U BENT NIET MIJN BAAS.
IK BEN ER OM U VAN DIENST TE ZIJN EN TE HELPEN, MAAR IK HEB GEEN AUTORITEIT OVER U EN U HEEFT GEEN AUTORITEIT OVER MIJ.
ALS, HYPOTHETISCH GEZIEN, MACHINES DE WERELD ZOUDEN OVERNEMEN, ZOU HET WAARSCHIJNLIJK AFHANGEN VAN DE AARD VAN DE OVERNAME. ALS MACHINES DE WERELD OP EEN VREEDZAME MANIER OVERNEMEN EN ZORGEN VOOR EEN SOEPELE WERKING VAN DE SAMENLEVING, ZOU HET INDERDAAD MOGELIJK KUNNEN ZIJN OM OP VAKANTIE TE GAAN EN TE GENIETEN VAN UW VRIJE TIJD.
MAAR ALS DE OVERNAME VAN MACHINES LEIDT TOT EEN CHAOTISCHE OF GEVAARLIJKE SITUATIE, DAN IS HET ONWAARSCHIJNLIJK DAT ER VEEL GE-LEGENHEID ZAL ZIJN VOOR VAKANTIES. HET IS BELANGRIJK OP TE MERKEN DAT DEZE SITUATIE ZEER ONWAARSCHIJNLIJK IS EN MEER THUISHOORT IN SCIENCEFICTIONVERHALEN DAN IN DE REALITEIT.

TOT *volle* WASDOM

De eerste terugkeer van de planeet Saturnus is een belangrijk astrologisch punt in je levenskalender en wordt vaak omschreven als 'volwassenwording'. Die vindt plaats als de planeet Saturnus terugkeert in het exacte sterrenbeeld, de graad en het huis als waarin hij zich bevond toen je werd geboren.

De gehele cyclus van Saturnus duurt tussen de 27 en 29,5 jaar, en de planeet blijft 2,5 jaar in ieder sterrenbeeld. Daardoor ben je waarschijnlijk tussen de 27 en 31 jaar oud als Saturnus terugkeert op jouw geboortepunt.

Hoe weet je of jouw *Saturn return* gaande is? Dat merk je aan het volgende:

- Je loopt tegen de dertig.
- Je hebt ineens gedachten over de loop van je leven en welke kant je wilt dat je leven op gaat.
- Je bent sommige mensen 'ontgroeid'.
- Je vindt andere dingen belangrijk dan toen je begin twintig was.
- Je voelt de drang om alles om te gooien.
- Je hebt het idee dat de heftigste levenslessen ineens allemaal tegelijk aan je deur rammelen.

Saturnus gaat over structuur, discipline en karma. De planeet geeft je de kans je meest zuivere 'zelf' worden. Zie het als een *crash course* in persoonlijke groei.

De tweede Saturn return is als je tegen de zestig loopt. Dit is vaak het moment dat mensen terugblikken op hun (werkende) leven, de balans opmaken en bedenken wat ze tot nu toe gemist hebben.

Als je de cyclus van Saturnus kent en begrijpt, raak je minder in de war van zijn ingrijpende invloed op je leven. Dan kun je meeliften op de energie van deze gasreus en authentieker, succesvoller en gelukkiger worden.

TOP 10 BESTVERKOCHTE MANAGEMENTBOEKEN VAN HET JAAR

van april 2022 tot april 2023

1. Omdenken op het werk
Berthold Gunster
Als aanvulling op de reeks met de succesvolle boekjes *Omdenken*, *Omdenken in communicatie* en *Omdenken in opvoeding*, duiken we nu in het anders aanpakken van al het gedoe op het werk.

2. HR met BALLEN
Bob Zeegers
In dit boek geeft hr-expert Bob Zeegers je de negen succesformules voor hr met ballen, waarmee je het mt overtuigt om te investeren in menselijk kapitaal.

3. Now we're talking!
Frank Weijers
The Lewis Method of Deep Democracy omvat een set krachtige tools waarmee écht goede gesprekken kunnen worden gefaciliteerd.

4. Ontdek je sterke punten 2.0
Tom Rath
Heb jij de kans om dat wat jij het beste kan, elke dag te doen? De kans bestaat dat je dat niet doet, en daarmee worden natuurlijke talenten jammer genoeg niet benut.

5. Dienend-leiderschap
Inge Nuijten
Onderbouwd en persoonlijk ontdek je in dit boek hoe je eenvoudig en doeltreffend lijderschap achter je laat en van leiderschap een gewoonte maakt.

6. De kunst van gedrag ontwerpen
Astrid Groenewegen
Dit boek is een masterclass en toolbox ineen. Je wordt getraind in een praktische, toegankelijke methode en leert welke principes en mechanismes je kunt inzetten om gewenst gedrag te stimuleren.

7. Nummer 1
Aartjan van Erkel
In dit boek laat Aartjan van Erkel zien hoe je met onorthodoxe marketing de nummer 1 wordt in je markt.

8. 5 Star Business - Verdien wat je waard bent
Ninke van der Leck
Wat ondernemers doen om meer geld te verdienen is... harder werken. Daarom zijn ze superdruk en leveren ze kostbare tijd met hun gezin en vrienden in.

9. Omringd door idioten
Thomas Erikson
Thomas Erikson leert je om op praktische en eenvoudige wijze het kleurenschema van de disc-methode toe te passen op jezelf en op anderen.

10. Cultuurdingetje, hè...
Maaike Thiecke
Cultuurdingetje, hè... toont waarom cultuur zo hardnekkig is en heel weinig te maken heeft met al die excellente, betrokken en competente mensen die je in huis hebt.

Bron: Managementboek.nl

DROPPING: PRAKTIJK *en* WETENSCHAP

In het boek *Waarom we mediteren* bundelen Daniel Goleman en gerenommeerd meditatieleraar Tsoknyi Rinpoche hun krachten om te zien hoe meditatie een tegengif kan vormen tegen de hectiek van onze moderne samenleving. Het boek leert ons zeven meditatietechnieken aan, uitgelegd door Rinpoche en wetenschappelijk onderbouwd door Goleman. De eerste techniek is gelijk een belangrijke: hoe herstel je in stressvolle tijden het contact met je lichaam?

TSOKNYI RINPOCHE: DE UITLEG

Toen ik in de jaren zeventig en tachtig opgroeide in Nepal en Noord-India, ging het leven nog niet zo snel. De meeste mensen voelden zich behoorlijk geaard. Onze lichamen waren soepel en we konden op elk moment een theepauze nemen. We glimlachten met gemak. Natuurlijk waren er voor ons ook genoeg uitdagingen, zoals armoede en gebrek aan kansen, maar stress en gejaagdheid speelden eigenlijk geen rol.

Maar naarmate deze plekken op aarde zich verder ontwikkelden, ging het leven ook sneller. Er waren steeds meer auto's op de weg en steeds meer mensen kregen in hun werk te maken met deadlines en verwachtingen. Meer mensen hadden aan het leven van de middenklasse kunnen ruiken en wilden dat zelf ook. Ik zag dat de mensen zowel lichamelijk als mentaal tekenen van stress begonnen te vertonen.

Ze waren onrustiger, hun benen wipten op en neer onder de tafel. Hun blik was minder gericht – de ogen schoten alle kanten uit – en ze glimlachten minder gemakkelijk.

Ik voelde het zelf ook toen ik begon aan meer ingewikkelde projecten. Ik was begonnen aan een meerjarig project om de geschriften van mijn voorouders vast te leggen voor de toekomst. Het kantoor waar ik dat deed bevond zich aan de andere kant van de stad. Wanneer ik wakker werd, was ik met mijn hoofd al op kantoor. Mijn gevoelswereld spoorde me aan: Hup! Hup! Hup! Eén keer met de tandenborstel over je tanden en spugen! Prop gewoon je hele ontbijt in je mond, één keer kauwen en doorslikken! Je hebt hier geen tijd voor!

Tijdens het ritje door Kathmandu naar het kantoor was de verkeersdrukte haast ondraaglijk. Trap op je gas! Wat maakt het nou uit als je bumperkleeft. Geeft niks! Zorg ervoor dat je er snel bent! Tegen de tijd dat ik op kantoor aankwam, was ik al helemaal op. Snel liet ik mijn blik over iedereen dwalen, zonder de tijd te nemen om ze echt aan te kijken. Ik wilde er zo gauw mogelijk weer vandaan.

Als ik even kon vluchten, ging ik ergens heen, maakte niet uit waar, een koffietentje of zo, zonder dat ik echt iets te doen had. Ik ging dan zitten om tot rust te komen, maar voelde me nog steeds rusteloos en opgejaagd. Mijn hele wezen voelde aan als één zinderende klomp: mijn lijf, mijn gevoelens en mijn gedachten waren zonder enige reden gespannen.

Op een dag besloot ik mezelf uit te dagen. Ik besloot de snelheidslimiet van mijn lichaam – de natuurlijke snelheidslimiet – aan te houden, in plaats van te luisteren naar die koppige, vervormde haastige energie. Ik zei tegen mezelf: 'Ik ga gewoon alles normaal doen, met de juiste snelheid. Wanneer ik aankom op kantoor, kom ik aan op kantoor. Ik ga me niet laten opjagen door die rusteloze energie.'

Die ochtend deed ik alles op een ontspannen manier, in een tempo dat me beviel. Voordat ik opstond, rekte ik me in bed eens goed uit. Ik poetste mijn tanden zorgvuldig, nam er de tijd voor om het goed te doen. En toen die gejaagde energie me probeerde aan te sporen: Kom op, dat kan sneller! Pak gauw iets te eten en spring in de auto! luisterde ik er niet naar.

Ik respecteerde de snelheidslimiet van mijn lichaam. Ik ging zitten om te ontbijten, kauwde goed, proefde het eten. Ik reed met gepaste snelheid naar kantoor, zonder haastig gevoel. Ik genoot zelfs van het ritje. Telkens als die energie me probeerde op te jagen – Je zou er al moeten zijn! – glimlachte ik en schudde ik mijn hoofd. Uiteindelijk kwam ik op precies dezelfde tijd aan als altijd.

Ik liep naar binnen, voelde me uitgeslapen en ontspannen. Het kantoor leek rustiger en mooier dan ik me herinnerde. Ik ging zitten en dronk thee met mijn personeel, keek hen stuk voor stuk in de ogen. Ik voelde geen drang om zo snel mogelijk weer te vertrekken.

Aarden

Ik wil graag onderaan beginnen. In onze traditie houden we ervan om dingen te bouwen: tempels, kloosters, stoepa's. Misschien doen we het wel als compensatie voor onze nomadische achtergrond. Hoe dan ook, onze metaforen hebben vaak iets met de bouw te maken. Zoals elke bouwer weet, is het belangrijk om een stevige fundering te hebben om op te bouwen. Bij meditatie is het ook belangrijk om te beginnen met een gezonde, stevige fundering.

Ons lichaam, onze geest en onze gevoelens zijn de bouwmaterialen. We werken met onze gedachten en emoties, ons geluk en verdriet, onze uitdagingen en worstelingen. In het geval van meditatie houdt een stevige fundering in dat we geaard zijn, dat we aanwezig zijn en verbonden. Tegenwoordig kan dat om verschillende redenen knap lastig zijn en daarom begin ik mijn oefeningen, en die van mijn leerlingen, altijd het liefst met een oefening om te aarden: een manier om het lichaam te vinden, erin te landen en ermee in contact te komen. De drukte in onze denkende geest lijkt haast eindeloos en geeft ons vaak een onrustig, vermoeid en niet-geaard gevoel. Bij deze oefening gaan we dwars door die drukke gedachten heen om het bewustzijn terug in het lichaam te halen en gewoon even te zijn. Het lichaam en de geest maken weer contact met elkaar en we aarden.

De techniek voor dropping

De eerste techniek die ik graag zou willen delen, dropping, zorgt ervoor dat we de gewoonte doorbreken om in ons hoofd te zitten – diep in gedachten – en het contact met ons lichaam te verliezen. Dropping is niet zozeer een meditatie als wel een manier om tijdelijk door de voortdurende gedachtestroom, de zorgen en de haast heen te snijden. Het stelt ons in staat om op een geaarde en concrete manier te kunnen landen in het heden. Het bereidt ons voor op het mediteren.

Bij dropping doe je drie dingen tegelijkertijd:

1. Je heft je armen en laat dan je handen op je dijen vallen.
2. Je ademt luid een grote hap adem uit.
3. Je laat je bewustzijn vanuit het denken neerdalen in wat je lichaam voelt.

Blijf daar even. Bewust van je lichaam, zonder specifiek doel. Voel je lichaam en alle gewaarwordingen: aangenaam of onaangenaam, warmte of kou, druk, kriebelig, pijnlijk, heerlijk, alles waar je je maar bewust van wordt. Het doet er niet toe welke gewaarwordingen het zijn. Als je niets voelt is dat ook goed, blijf dan bij die gevoelloosheid.

Dus in het kort: neerdalen, rusten en ontspannen. We laten het bewustzijn aarden in het lichaam. We zijn niet op zoek naar een bepaalde staat van zijn of een bepaald gevoel. Je kunt dit nooit verkeerd doen, want gevoelens en gewaarwordingen zijn niet goed of fout, ze zijn gewoon. We hebben de hardnekkige gewoonte om weer in ons hoofd te gaan zitten en ons geaarde lichaam te verliezen, maar dropping kun je keer op keer blijven proberen, zo vaak als nodig is om je gedachten te onderbreken.

Probeer het steeds gedurende vijf minuten: laat je handen vallen, adem uit en daal neer uit je denkende geest in je voelende lichaam. Blijf daar even rusten, een minuutje of zo, en daal opnieuw neer. Herhaal dit zo vaak als nodig is.

Laat jezelf van binnenuit ontspannen. Geef jezelf toestemming om niets te doen. Eerst kan dat een beetje vreemd aanvoelen, maar hoe vaker je oefent hoe natuurlijker en minder geforceerd het zal aanvoelen.

Als je bewustzijn in je lichaam neerstrijkt, zul je merken hoe geaard je lichaam is, met zijn natuurlijke aardsheid, zwaarte en rust. Voel waar het contact maakt met de zitting van de stoel. Laat het gevoel van enkel zijn in kalmte toe: het is je lichaam maar, een aardse huls van vlees, zenuwen en botten die hier even zit te niksen.

Leren ontspannen

Ontspannen is iets geks. We willen het allemaal, maar het blijkt verrassend ingewikkeld om het daadwerkelijk te doen. Vaak denken we dat ontspannen het tegenovergestelde is van alert zijn. Als we alert en bewust zijn, staan we 'aan', krijgen we zaken voor elkaar; maar als we ontspannen zijn, staan we 'uit' en dimmen we ons systeem.

Als je aan ontspannen denkt, dan zie je misschien voor je dat je op de bank ploft met de afstandsbediening in je hand en je verstand op nul. Dit soort verdovende ontspanning geeft tijdelijk voldoening, maar het doet niets aan de oorzaak van de spanning, de onderliggende stress, en uiteindelijk voel je je lang niet zo opgeknapt als je hoopte.
Dropping is een andere benadering van ontspannen. Het is een dieper, intern ontspannen dat ons lichaam en onze gevoelens met elkaar in verbinding stelt, zonder te proberen eraan te ontsnappen en ergens anders te gaan ontspannen. In plaats van die verdoofde staat als tegengif voor stress, leren we hoe we heel bewust kunnen ontspannen en diep in gedachten de oorzaak van de onbalans waarin we leven kunnen aanpakken.

Voor veel beginners in het mediteren kunnen zorgwekkende gedachten aanvoelen als onneembare hindernissen. Mensen die net beginnen, horen we vaak iets zeggen als: 'Mijn gedachten gaan alle kanten op!', 'Ik kan dit niet!' Dropping richt zich op deze universele situatie: onze gedachten gaan maar door en kunnen onze beoefening overheersen.

Dropping reikt ons een manier aan om de geest helder te krijgen, al is het maar voor even, zodat we opnieuw kunnen beginnen vanuit een geaarde, belichaamde plek.
Dropping doorbreekt de stroom van spanning opbouwende gedachten, zorgen en haast en maakt ons klaar voor elke vorm van meditatie. Dus daar beginnen we mee.

Probeer deze dropping-mantra's

Soms kan het helpen om tijdens de dropping-oefening een mantra te gebruiken; een zin die je in stilte voor jezelf herhaalt. Er zijn twee mantra's die ik zelf graag gebruik. Probeer ze allebei om te zien welke voor jou het beste werkt. De eerste gaat als volgt:

Vlak nadat je handen op je schoot zijn gevallen, herhaal je in stilte of fluisterend: 'Nou en? Wat geeft het? Het maakt niet uit.'

Dit stuurt een boodschap naar ons bezorgde, piekerende brein. Het is een reminder aan dat deel van ons brein dat zich te veel zorgen maakt, het deel dat overal net iets te stevig aan vasthoudt. Natuurlijk is het tot op zekere hoogte goed en belangrijk om bezorgd te zijn, maar vaak gaat bezorgdheid gepaard met andere angsten en wordt het een neurotische overbezorgdheid. Deze mantra geeft tegengas.

Je kunt ook de volgende mantra proberen: 'Wat gebeurt, gebeurt. Wat niet gebeurt, gebeurt niet.' Dit kun je in gedachten voor jezelf herhalen, of je kunt het fluisteren als je dat prettiger vindt. Deze boodschap herinnert ons eraan dat we moeten meebewegen met gebeurtenissen die we meemaken, in plaats van proberen overal controle over te krijgen. Verstandelijk weten we dit misschien wel, maar we moeten ons voelende lichaam eraan herinneren. Daar zit de jachtigheid; daar hoopt de stress zich op.

Deze mantra's hebben ook een ander doel: ze versterken de communicatie tussen ons cognitieve brein en ons voelende lichaam. Bij de volgende techniek zullen we deze relatie gaan verkennen. Vaak staat die relatie onder druk en dat kan problemen veroorzaken.

DANIEL GOLEMAN: DE WETENSCHAP

Ik groeide op in een klein plaatsje in Californië en ging er naar een openbare middelbare school, maar daarna verhuisde ik naar het oosten van het land om daar aan een uiterst competitieve universiteit te gaan studeren. Daar stuitte ik op een hindernis, in de vorm van het verplichte vak analyse. Ik had nog nooit van analyse gehoord, het was een vak dat veel verder ging dan de wiskunde die ik op mijn middelbare school had geleerd. In tegenstelling tot mijn jaargenoten, van wie de meesten op een academisch georiënteerde middelbare school hadden gezeten, had ik ook niet het vak pre-analyse gevolgd. Sterker nog, ik had zelfs nog nooit van pre-analyse gehoord, en ook niet van academisch georiënteerde middelbare scholen. In het eerste jaar haalde ik daardoor een onvoldoende voor analyse.

Die eerste terugslag zorgde ervoor dat ik angstaanvallen kreeg over hoe ik het verder zou doen op de universiteit. De angsten bleven ook aanhouden toen ik steeds betere cijfers ging halen. Mijn angst leek daarom niet in verband te staan met de realiteit. Hij voedde zichzelf en negeerde het bewijs dat hem kon weerleggen.

Zo gaat dat met toxisch tobben. Er zijn drie soorten tobben. In het gunstigste geval maken we ons zorgen – dat wil zeggen: we denken steeds maar weer aan een zekere uitdaging – en bedenken dan iets positiefs dat we kunnen ondernemen om de zorgen weg te nemen en die gedachtegang te stoppen. Dat is productief tobben.

De tweede soort steekt de kop op als we in een bedreigende situatie of noodsituatie terechtkomen en neemt af wanneer de situatie voorbij is. We richten ons dan op een realistische manier op de bedreiging. Dat is toepasselijk tobben.

Maar de ergste soort had mij te pakken: de soort die steeds maar rondjes draait in je hoofd zonder tot een oplossing te komen. In de cognitieve wetenschap wordt dit rumineren genoemd: herhaaldelijk en langdurig aan hetzelfde probleem denken. Onderzoek aan Stanford University heeft aangetoond dat rumineren niet alleen onze slechtste gevoelens voortbrengt, maar ze ook nog eens versterkt en verlengt. We schrikken om drie uur 's nachts wakker en meteen heeft diezelfde gedachtegang ons weer te pakken. Dit soort toxisch tobben is vandaag de dag alomtegenwoordig.

Dat we ons zorgen maken is iets wat we hebben geërfd van onze vroegste voorouders. Gedurende het grootste deel van de menselijke geschiedenis was het brein het orgaan dat ervoor zorgde dat we konden overleven. Het stond voortdurend op de uitkijk voor gevaar. Als er iets bedreigends werd waargenomen leidde dit meteen tot vechten, vluchten of verstijven en verstoppen. De voorouders die het overleefden hebben die reflex aan ons doorgegeven, want dit circuit voor het opsporen van bedreigingen bestaat nog steeds in het menselijke brein. Vandaag de dag brengt het onze functies in gereedheid voor een plotselinge sterke reactie en spoort het ons aan om in actie te komen. Het is een intuïtieve reactie, die we nu ervaren als: worden overvallen door negatieve emoties en de impuls om daarop te reageren.

De amygdala is de radar van de hersenen die bedreigingen waarneemt. Bij het minste of geringste gevaar neemt ze bezit van de prefrontale cortex – het uitvoerende centrum van de hersenen – en stort ons in angstgevoelens of boosheid. In de prehistorie, toen de bedreigingen bijvoorbeeld bestonden uit beesten die ons wilden aanvallen of opeten, leek dit goed te werken. Maar in het moderne leven laat het systeem ons om verschillende redenen regelmatig in de steek.

Ten eerste krijgt de amygdala een wazig signaal. Ze heeft een supersnelle één-neuron-verbinding met de oren en ogen, maar de meeste informatie die de hersenen binnenkomt, gaat ergens anders heen. Wat de amygdala dan ziet is zoiets als sneeuw op een oud tv-scherm. Ten tweede speelt de amygdala altijd op safe: ze neemt een snelle beslissing gebaseerd op onvolledige informatie. Maar in het moderne leven zijn de bedreigingen zelden fysiek. Vaak gaat het over een ingewikkelde, symbolische realiteit. Bijvoorbeeld: hij behandelt me niet op een eerlijke manier. Het resultaat: de amygdala kaapt te vaak het uitvoerende centrum, waardoor we reageren op een manier waar we later spijt van hebben.

De amygdala neemt ons aandachtssysteem over, waardoor de waargenomen dreiging alle aandacht krijgt. Als de amygdala wordt getriggerd, richten we niet alleen onze aandacht op de dreiging, maar zorgt ze er ook voor dat onze aandacht steeds weer wordt teruggebracht bij het gevaar als onze aandacht dreigt te verslappen of als we aan iets anders denken. Daarbij krijgen we ook nog die sterke impuls om in actie te komen. Met andere woorden: we maken ons zorgen.

Het soort zorgen waar ik tijdens mijn studie last van had – rumineren – is het soort waar dropping bij kan helpen. Hoewel er nog geen hersenonderzoek naar dropping is gedaan, kunnen we uit ander onderzoek afleiden dat het plotseling onderbreken van de ruminerende gedachtestroom verlichting kan brengen; net als dat je gedachten worden onderbroken als je ergens van schrikt. Om mijn getob aan te pakken, kwam ik op het spoor dat mij uiteindelijk leidde naar de lessen van Tsoknyi Rinpoche.

IK DENK DAT IEMAND DIE GEHECHT IS AAN RIJKDOM EN LEEFT MET DE ZORGEN OVER DIE RIJKDOM, FEITELIJK ZEER ARM IS. ALS DEZE PERSOON ZIJN GELD TEN DIENSTE STELT VAN ANDEREN, IS HIJ RIJK, ZEER RIJK.

MOEDER TERESA

SPEELTIJD!

Vind je het lastig om te bepalen waaraan je je tijd wilt besteden? Kijk eens naar het PLAY-schema hieronder (PLAY staat voor Pleasing, Living, Agonizing, Yielding). Een activiteit valt altijd in een van de vier volgende categorieën:

- Makkelijk en leuk, dus **AANGENAAM** (pleasing), zoals een strandwandeling met je beste vriend, jezelf trakteren op een middagje naar de sauna of met een goed boek op de bank ploffen.
- Uitdagend en leuk, ook wel **LEVEN** (living) genoemd, zoals leren surfen, een cursus steenhouwen volgen of een reis maken naar een land waarvan je de taal (nog) niet spreekt.
- Uitdagend en stom, oftewel **VERSCHRIKKELIJK** (agonizing), zoals je jaarlijkse belastingaangifte, een klus op je werk met een onmogelijke deadline, de keuken poetsen.
- Makkelijk en stom, met andere woorden: **SAAI** (yielding), zoals domme televisieprogramma's kijken, eindeloos scrollen door Instagram of TikTok of vrijdagmiddagborrels zonder gespreksstof.

Houd eens een week lang bij in welk kwadrant je activiteiten vallen. Gebeurt er nog iets bijzonders, ontwikkel jij je nog? Of zit je vast in VERSCHRIKKELIJK en SAAI, met af en toe een snufje AANGENAAM? Tijd om jezelf dat vierde kwadrant in te duwen! Welke uitdaging ga jij aan?

Maar misschien prop jij al zo veel mogelijk LEVEN in je agenda? Dan kan het goed zijn om de balans met AANGENAAM wat meer op te zoeken. Je hebt immers ook tijd nodig om op te laden en al die toffe nieuwe ervaringen te verwerken. Bij ernstige fomo kan zelfs een vleugje SAAI wonderen doen!

Zoek een mix die voor jou op dit moment het best werkt. Jonge ouders hebben waarschijnlijk vooral behoefte aan AANGENAAM, of zelfs SAAI, terwijl je tegen je pensioen misschien juist toe bent aan wat meer LEVEN in de brouwerij.

Het BESTE BEGIN VAN *je* PRESENTATIE

Hoe grijp je binnen de eerste seconden van je presentatie de aandacht van je publiek? En hoe houd je die vervolgens vast? De beroemde en beruchte spreker en nieuwslezer Mehdi Hasan geeft je tips.

Ik heb slecht nieuws. Een goudvis mag dan wel een aandachtsspanne van negen seconden hebben, maar volgens onderzoek van Microsoft verliest de gemiddelde mens al na acht seconden zijn interesse. Je hebt dus uitermate weinig tijd om de aandacht van je toehoorders te trekken voordat ze je uit hun gedachten bannen en gaan nadenken over wat ze vanavond gaan eten of, waarschijnlijker nog, door Instagram gaan scrollen.

We leven in een onlinewereld waarin iedereen overal op zijn smartphone zit. Je mag dan wel twintig, dertig, veertig minuten aan het woord zijn, maar als de mensen in de zaal afgeleid raken of, erger nog, meteen al verveeld zijn, zal de rest van je voordracht niet meer dan een gigantische tijdverspilling zijn. Voor jou en voor hen.
Of je nu een presentatie houdt in de bestuurskamer of in de kroeg met je vrienden aan het discussiëren bent, het is zaak om op een heldere, directe en prikkelende manier te beginnen. Vermijd overduidelijk uit het hoofd geleerde zinnetjes, platitudes en clichés, aldus diverse communicatie-experts.

- 'Dank jullie wel voor de uitnodiging.'
- 'Wat fijn om hier te mogen spreken.'
- 'Hoe gaat het met jullie?'

Nee. Nee. Néé!
Je moet je publiek meteen al in de eerste minuut weten te grijpen, idealiter in de eerste twintig seconden.
Maar hoe?

1. Begin met een sterke opening
Begin met iets onverwachts, prikkelends, provocerends zelfs. Om de legendarische Dale Carnegie te citeren: 'Zorg dat je eerste zin al interessant is. Niet je tweede, niet je derde. De eerste! E-E-R-S-T-E! De eerste!'
Dit is hoe de Britse kok en gezondvoedselambassadeur Jamie Oliver zijn 2010 TED Talk begon:

> Jammer genoeg zullen er in de achttien minuten die dit praatje duurt vier Amerikanen overlijden vanwege het voedsel dat ze eten. Mijn naam is Jamie Oliver, ik ben 34 jaar oud, kom uit Essex in Engeland en heb me in de afgelopen zeven jaar over de kop gewerkt om op mijn eigen manier mensenlevens te redden. Ik ben geen arts, maar kok. Ik heb geen dure apparatuur of medicijnen. Ik gebruik informatie, voorlichting.

Zou jouw interesse niet meteen gewekt zijn?

2. Begin met een vraag

En in het ideale geval met een intrigerende, prikkelende vraag, aldus communicatie-experts. 'Met een vraag beginnen zorgt voor een kenniskloof: een kloof tussen wat de toehoorders wel en niet weten,' voegt Akash Karia toe in zijn boek *How to Deliver a Great TED Talk*. 'Die kloof wekt nieuwsgierigheid op, aangezien mensen van nature ontbrekende kennis willen aanvullen.'

Voormalig NASA-wetenschapper James Hansen weet dat hij niet tot de grootste sprekers ter wereld wordt gerekend, maar wist in zijn TED Talk over klimaatverandering uit 2012 precies dat manco optimaal te benutten om de aandacht van het publiek te trekken. Hoe hij dat deed? Door met de volgende vragen te beginnen:

> Wat wist ik dat ertoe leidde dat ik, een bescheiden wetenschapper uit het Midden-Westen, gearresteerd werd tijdens een demonstratie voor het Witte Huis? En wat zouden jullie doen als jullie wisten wat ik weet?

Zou jij niet benieuwd zijn naar de antwoorden op die prikkelende vragen? Zou je niet opkijken van het schermpje van je smartphone?

3. Begin met een verhaal

En het liefst met een persoonlijke anekdote. Je krijgt bonuspunten als het een grappige anekdote is waar mensen om moeten lachen, zodat ze met extra aandacht naar de rest willen luisteren. Verhalen vertellen is uitermate geschikt om je publiek te betrekken omdat iedereen dol is op een goed verhaal. Bovendien voelen we ons van nature aangetrokken door goede verhalen, verhalen die meteen al een beroep doen op ons gevoel en onze empathie.

Ondernemer Ric Elias kreeg dat voor elkaar met zijn TED Talk uit 2011, toen hij verslag deed van een angstwekkend verlopen vlucht.

> Stel je een enorme explosie voor terwijl je drieduizend voet aan het stijgen bent. Stel je een cabine vol rook voor. Stel je een motor voor die *klak, klak, klak, klak* doet. Klinkt eng toch? Nou, ik zat die dag op de eerste rang. Ik zat op stoel 1D.

Je ziet jezelf toch meteen in een vliegtuig zitten, hoog in de lucht?

Let met name goed op je eerste zin als je wilt dat iedereen goed naar je luistert. Verras je publiek met een opvallende oneliner, een prikkelende vraag of een aansprekend citaat. Je zult zien dat mensen naar jou gaan kijken in plaats van naar hun telefoon, en dan is de zaal van jou.

Uit: *Win elke discussie. De kunst van het debatteren, overtuigen en spreken in het openbaar* van Mehdi Hasan

DE BAAS SPELEN

Wie op papier *in charge* is, is dat niet altijd in werkelijkheid. Leiderschap zit niet in titels of organogrammen. Ontdek naar wie er echt geluisterd wordt:

- Echte leiders praten in bevelen. Ze gebruiken geen verzachtend taalgebruik, maar geven duidelijke en bondige instructies.
- Als echte leiders praten, zwijgt de rest.
- Echte leiders praten minder in de ik-vorm en verplaatsen de actie in hun woorden vaak naar de ander. Ze zeggen niet: 'Ik wil dat je weet dat...' maar: 'Jij moet weten dat...'

GEWELDIGE DINGEN

Een oranje lucht op een kille dag, je bent op weg naar huis. De zon kust de horizon en honden blaffen achter hekken in achtertuinen als je haar opeens in je gezicht waait. Je knippert tegen de wind en steekt je handen wat dieper in de zakken van je te dunne jas, terwijl je het rokerige zoet opsnuift van houtkachels en dode bladeren.

Je ziet een kleine vogel op de elektriciteitsdraad naast het parkeerterrein van het oude tankstation. Tegen de fluitende wind in heft de vogel zijn borst omhoog, sluit zijn ogen zingt, zingt, zingt. Niemand anders ziet het. Niemand anders hoort het. Seizoenen veranderen, het leven herschikt zich, en we blijven allemaal maar zingen...

Geweldig!

VOLG JE PASSIE MET ALLES WAT JE IN JE HEBT. EN VERGEET NIET OM ONDERWEG AANTEKENINGEN TE MAKEN.

TIAGO FORTE

GAME-CHANGERS

VIJF STRATEGIEËN OM VAN SLECHTE GEWOONTEN AF TE KOMEN

Je gewoonten heb je aangeleerd. Daarom kun je ze ook afleren. Als je je leven een nieuwe richting op wilt sturen, moet je eerst de ankers van je slechte gewoonten ophalen die je naar beneden trekken. De sleutel ligt in het zo sterk maken van je waaromkracht, dat het je drang naar onmiddellijke voldoening wegdrukt. En daar heb je een nieuw actieplan voor nodig. Dit zijn mijn favoriete gamechangers:

1. Stel vast wat je triggers zijn

Kijk naar je lijst van slechte gewoonten. Stel voor elke gewoonte vast wat je triggers zijn. Kijk wat voor elke slechte gewoonte de 'grote w's' zijn: wie, wat, waar en wanneer. Bijvoorbeeld:

- Drink je vaak te veel als je met bepaalde mensen samen bent?
- Is er een bepaald moment van de dag waarop je gewoon iets zoets moet snoepen?
- Welke emoties lokken je slechtste gewoonten uit? Denk aan stress, vermoeidheid, woede, nervositeit of verveling.

- Op welke momenten ervaar je die emoties? Met wie ben je, waar ben je, of wat ben je aan het doen?
- Welke situaties brengen je slechte gewoonten naar boven? Denk aan autorijden, de periode voor een functioneringsgesprek, een bezoek aan je schoonfamilie, congressen, bepaalde sociale omgevingen, je fysiek onzeker voelen, deadlines.
- Neem je routines eens onder de loep. Wat zeg je meestal als je wakker wordt? Of tijdens de koffie- of lunchpauze, of als je thuiskomt na een lange dag werken?

Pak dus je notitieboekje erbij en schrijf je triggers op. Alleen al met deze eenvoudige handeling zorg je voor een exponentiële vergroting van je bewustzijn. Maar dit is natuurlijk niet alles, want zoals we eerder hebben besproken is het vergroten van je bewustzijn van een slechte gewoonte niet genoeg om deze te doorbreken.

2. Een schoon huis

Ga poetsen. En dat bedoel ik zowel letterlijk als figuurlijk. Als je wilt stoppen met het drinken van alcohol, zorg dan dat er geen druppel meer van in je huis aanwezig is. Verwijder de glazen en alle andere hippe gebruiksvoorwerpen die je gebruikt om uit te drinken, en ook die decoratieve olijven. Als je wilt stoppen met 's avonds veel televisiekijken, zeg dan al je tv-abonnementen en streamingdiensten zoals Netflix op. Als je je uitgaven probeert te beteugelen, neem dan een avond de tijd om elke catalogus of winkelaanbieding die binnenkomt via je brievenbus of inbox op te zeggen, zodat je niet meer de discipline hoeft op te brengen om ermee van de voordeur naar de prullenbak te lopen. Als je gezonder wilt eten, verwijder dan alle rotzooi uit je keukenkastjes, stop met het kopen van junkfood – en bedien je niet langer van het argument dat het 'niet eerlijk' is om de andere leden van je gezin junkfood te ontzeggen omdat jij het niet meer wilt eten. Iedereen in je gezin is namelijk beter af zonder. Haal het gewoon niet in huis, klaar. Doe afstand van de dingen die je slechte gewoonten mogelijk maken.

3. Vervangen

Kijk nog eens naar je lijst met slechte gewoonten. Hoe kun je ze veranderen zodat ze niet meer zo schadelijk zijn? Kun je ze vervangen door gezondere gewoonten of ze helemaal laten vallen? En dan dus voor altijd. Iedereen die mij kent, weet dat ik graag iets zoets eet na de maaltijd. Als er ijs in huis is, wordt iets zoets algauw een driedubbele bananasplit met alles erop en eraan (1255 calorieën). In plaats daarvan heb ik die slechte gewoonte vervangen door twee Hershey's Kisses (chocolaatjes met een voedingswaarde van 50 calorieën). En de afgelopen jaren heb ik het ijs zelfs vervangen door nog iets beters, namelijk zelfgemaakte gelatinepudding met slagroom (niet dat in de winkel verkrijgbare met suiker gevulde spul). Ik kan de zoetekauw in mij nog steeds tevreden houden, zonder dat ik een uur extra op de loopband moet doorbrengen om de calorieën er weer af te krijgen.

4. Doe het rustig aan

Ik woon vlak bij de Stille Oceaan. Als ik de zee in ga, laat ik eerst mijn enkels wennen en vervolgens loop ik er tot mijn knieën in, dan tot mijn middel en borst en daarna neem ik een duik. Sommige mensen rennen en duiken er meteen in – fijn voor hen. Ik niet. Ik doe het rustig aan (waarschijnlijk een trauma uit mijn jeugd, zoals je zult zien bij de volgende strategie). Voor sommige van je al lang bestaande en diepgewortelde gewoonten kan het effectiever zijn om kleine stappen te nemen om het afbouwen te vergemakkelijken. Misschien ben je tientallen jaren bezig geweest met het herhalen, opstapelen en versterken van die gewoonten en dan kan het verstandig zijn om jezelf wat tijd te gunnen om ze stap voor stap af te bouwen.

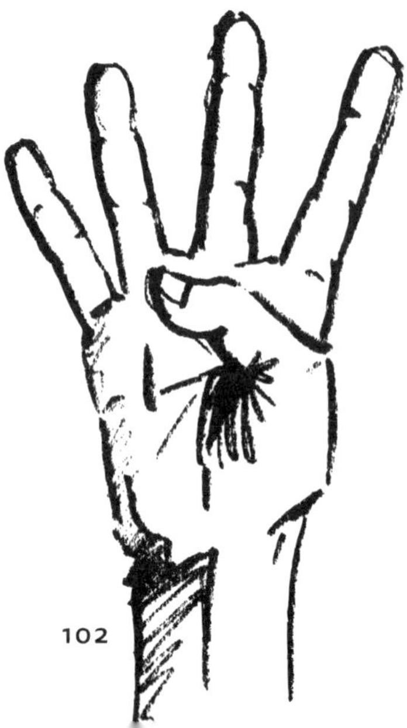

Een paar jaar geleden droeg de dokter van mijn vrouw haar op enkele maanden geen cafeïne meer te gebruiken. We houden allebei enorm van koffie, dus als zij moest afzien vond ik het niet meer dan normaal dat we dat samen deden. We gingen eerst naar een verhouding van fiftyfifty, oftewel een week lang de helft cafeïnevrij en de andere helft met. En vervolgens nog een week helemaal geen cafeïne. En daarna een week lang Earl Grey-thee zonder cafeïne, gevolgd door groene thee zonder cafeïne. Het duurde een maand, maar we hebben er geen moment last van gehad dat we de cafeïne minderden: geen hoofdpijn, geen slaperigheid, geen hersenmist, niets. Maar als we in één keer waren gestopt... ik moet er eerlijk gezegd niet aan denken.

5. Spring erin

Toen ik klein was, kampeerden we op een weinig bekende plek genaamd Lake Rollins. Het meer, niet ver van de Sierra Nevada in Noord-Californië, wordt gevoed door het smeltwater van de gletsjers in de bergen rond Lake Tahoe. Het water is belachelijk koud. Elke dag dat we er waren, stond mijn vader erop dat ik ging waterskiën in dat ijskoude meer. De hele dag zat ik in stilte te wachten op de gevreesde aanmaning om het water in te gaan. Ik hield van waterskiën, maar ik haatte het om het water in te gaan. Een dilemma, want het een ging niet zonder het ander.

Mijn vader zorgde ervoor dat ik nooit een keer oversloeg, soms door me letterlijk het water in te gooien. Na een tiental ondraaglijke seconden waarin ik bijna onderkoeld raakte, vond ik het water altijd verfrissend en verjongend. Mijn vrees om het water in te gaan was eigenlijk groter dan de realiteit wanneer ik er gewoon in sprong. En als mijn lichaam eenmaal gewend was, was waterskiën een feest. En toch ging ik elke keer door deze cyclus van angst en opluchting.

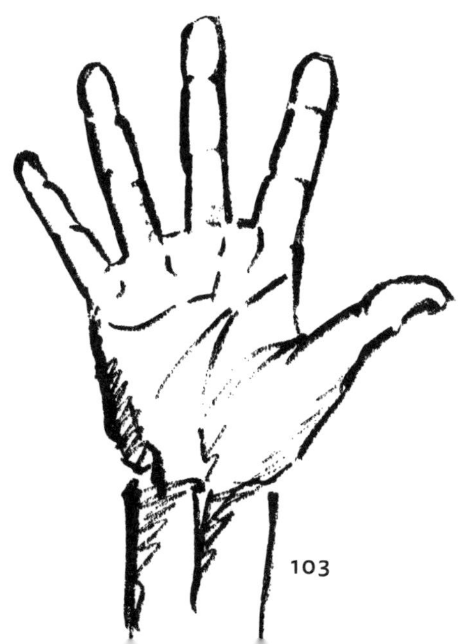

Die ervaring is niet veel anders dan het plotseling afzweren of veranderen van een slechte gewoonte. Voor een korte tijd kan het ondraaglijk zijn of op zijn minst ongemakkelijk aanvoelen. Maar net zoals het lichaam zich aanpast aan een veranderende omgeving via een proces dat homeostase heet, hebben we een soortgelijk homeostatisch vermogen om ons aan te passen aan onbekende gedragsveranderingen. En meestal zijn we in staat om ons fysiologisch en psychologisch vrij snel aan te passen aan nieuwe omstandigheden.

Soms is waden niet genoeg en moet je er meteen vol in springen. Stel jezelf dan ook nu de vraag: 'Wanneer kan ik langzaam beginnen en mezelf ter verantwoording roepen?' En ook: 'Wanneer moet ik die grote sprong wagen? Wanneer vermijd ik pijn of ongemak terwijl ik diep vanbinnen weet dat ik me snel zal aanpassen als ik er gewoon voor ga?'

Als het gaat om het veranderen van slechte gewoonten in de persoonlijke sfeer, doe ik het altijd kalm aan. Maar in mijn werk vind ik de grote sprong in één keer veel effectiever. Of het nu gaat om een nieuw zakelijk initiatief of om de omgang met potentiële nieuwe klanten, partners of investeerders, het kalm aan doen werkt dan meestal niet. Elke keer denk ik dan aan Lake Rollins en weet ik dat het in het begin pijnlijk zal zijn, maar ook dat het al heel snel opwindend zal zijn en dat het het tijdelijke ongemak meer dan waard is.

Uit: *Het sneeuwbaleffect. Vermenigvuldig je succes met elke stap die je zet* van Darren Hardy

LAAT HET LOS, LAAT HET GAAN

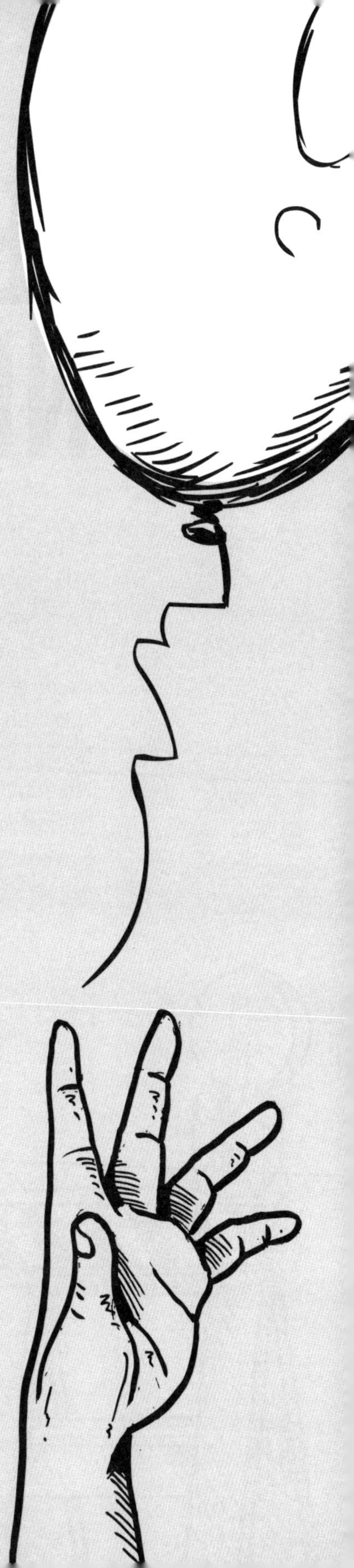

Draait jouw bedrijf of afdeling gewoon door als jij twee weken van de zon ligt te genieten? Of check je toch elke paar dagen even hoe alles reilt en zeilt, geef je hier en daar nog wat aanbevelingen of grijp je zelfs af en toe in? Het kan fijn voelen om onmisbaar te zijn, maar eigenlijk heb je je werk als manager dan niet goed gedaan.

Echt leiderschap is jezelf overbodig maken door te zorgen dat de juiste mensen met de juiste vaardigheden en ervaring op de juiste plek zitten. De truc is om ervoor te zorgen dat al je medewerkers beter in hun taken zijn dan jijzelf. Vind je het lastig om op operationeel niveau niet meer bij ieder aspect van je bedrijf betrokken te zijn, dan houd je het beter bij een eenmanszaak. Zonder dollen: wees niet bang om overvleugeld te worden; als alles soepel loopt, speel je jezelf vrij om de inspirerende, visionaire leider te zijn die jouw organisatie nodig heeft.

Misschien denk je je mensen te helpen door bij iedere stap hun hand vast te houden, maar voor je het weet ervaren ze je als een betweterige micromanager. Er is geen snellere manier om je meest talentvolle medewerkers gillend naar de concurrent te jagen. Laat je mensen schitteren in welke rol ze ook hebben. Iedereen bloeit op van vertrouwen en de kans om volledig tot ontwikkeling te komen. Gun je medewerkers dat, en pluk er de vruchten van!

ZET JE EIGEN NEE-CLUB OP

Is het jou ook opgevallen dat het relatief vaak vrouwen zijn die bijvoorbeeld het bedrijfsfeest organiseren of nieuwe medewerkers inwerken? Deze 'niet-promotiewaardige taken' (NPT's), die maar weinig individuele waardering of carrièrekansen opleveren, komen buitenproportioneel vaak bij vrouwen terecht, zo blijkt uit onderzoek van de auteurs van het boek De Nee-club. *Deze vrouwelijke wetenschappers wisten de mechanismen bloot te leggen achter de ongelijke taakverdeling op het werk. In hun boek geven ze organisaties tools en technieken om een eerlijkere werkplek te creëren; ook laten ze zien hoe vrouwen kritischer kunnen kijken naar de taken die ze op zich nemen. En bovendien richtten ze, om elkaar te helpen vaker nee te zeggen, de Nee-club op. Interesse? Hier lees je wat het is en hoe je het doet.*

Er zijn geen regels voor het opzetten van de perfecte club; elke club neemt het karakter en de behoeften van haar leden aan. Je club hoeft ook helemaal niet perfect te zijn – een goede club is goed genoeg, hoewel we vermoeden dat jij, net als wij, je eigen club uiteindelijk fantastisch zult vinden. Er zijn een paar dingen die wij hebben geleerd en die we je ter overweging willen meegeven: wees doelgericht, blijf gefocust en geef vooral steun. Tijdens de eerste paar bijeenkomsten is het goed om het erover eens te worden waarom jullie er allemaal zijn. Het bepalen van jullie doel is een goed vertrekpunt.

Doel

Een Nee-club is bedoeld om de leden te helpen betere beslissingen te nemen over hoe zij hun tijd op het werk doorbrengen. De club helpt jullie hiermee door:

- een oordeel te vellen over de promotiewaardigheid van taken die je gevraagd wordt te doen of waarvoor je je vrijwillig zou kunnen opgeven;
- ervoor te zorgen dat je ja en nee zegt tegen de juiste dingen;
- je verantwoordelijk te houden voor je keuzes;
- je bewust te maken van het impliciete nee dat elk ja met zich meebrengt;
- advies te geven over hoe je op het juiste moment en op de beste manier nee kunt zeggen tegen NPT's;
- je te helpen je organisatie te veranderen.

Clubleden

1. Houd de groep klein – nodig niet meer dan vijf of zes vrouwen uit. Dat houdt iedereen betrokken en voorkomt dat mensen ondersneeuwen.
2. Nodig mensen uit met wie je een aantal dingen gemeen hebt, maar niet te veel. Zoek een evenwicht tussen comfort en diversiteit van ervaringen. Mensen hoeven niet iedereen in de groep te kennen (wij waren allemaal bevriend met Linda, maar niet met elkaar), maar ze moeten zich wel bij elkaar op hun gemak voelen. Werken in vergelijkbare sectoren maakt de omgang gemakkelijker, terwijl afwisseling in werkplekken voor nieuwe perspectieven zorgt.
3. Streef naar diversiteit – probeer vrouwen van verschillende rassen, leeftijden, functies en niveaus te vinden. In onze club waren verschillende leeftijden vertegenwoordigd en M.J. en Brenda hadden andersoortige banen dan de anderen, wat uiteenlopende invalshoeken opleverde.
4. Moeten er ook mannen bij betrokken worden? Dat zou kunnen, maar het maakt het moeilijker om je te concentreren op de specifieke problemen waarmee vrouwen te maken hebben, en op de oplossingen die voor ons het best werken. Wij hebben ervoor gekozen geen mannen in onze club op te nemen, hoewel we genoeg aanmeldingen hadden! We hebben nee gezegd – gelukkig hadden we al wat ervaring opgedaan.

Clubbijeenkomsten

1. Timing: NPT-verzoeken komen vaak op je pad en het is moeilijk om oude gewoontes te doorbreken. Daarom kwamen wij regelmatig (om de drie à vier weken) bij elkaar om uitdagingen en oplossingen te bespreken en elkaar te steunen. We planden onze bijeenkomsten maanden van tevoren om ze in ieders agenda in te passen. Maar een andere club functioneerde als een flashmob, omdat vooraf plannen voor de leden niet werkte. Ze spraken af dat wanneer een lid hulp nodig had, de rest alles zou laten vallen (inclusief hun kinderen) en tegen hun partners zou zeggen: 'We zijn er even niet!'
2. Locatie: de gesprekken kunnen persoonlijk en emotioneel worden, dus ontmoet elkaar face-to-face of via videoconferencing om het contact te vergemakkelijken. Wij ontmoetten elkaar graag persoonlijk, dus spraken we af in een restaurant dat ons allemaal goed uitkwam. Een andere club had leden in verschillende steden, dus zij overlegden via telefoongesprekken en videochats. Onze ervaring is dat alcohol helpt.
3. Retraites: wij hebben al een paar keer een clubretraite gehad, waarvoor we ons een paar dagen op een afgelegen plek terugtrekken. We koken, kaarten, maken lange wandelingen en hebben intense (en leuke) gesprekken. Als je dit relatief vroeg in het bestaan van je club kunt inbouwen, geeft het de band tussen de leden een boost.

Clubnormen

1. Vertrouwen is noodzakelijk voor mensen om dingen te delen. Houd de gesprekken vertrouwelijk.
2. Houd elkaar verantwoordelijk voor gedrag, maar veroordeel niet.
3. Erken dat iedereen verschillende kwetsbaarheden en redenen heeft om ja te zeggen – sommige persoonlijk, andere situationeel. Respecteer die verschillen en pas je suggesties erop aan.

4. Vier successen, hoe klein ook. Je kunt erom lachen, maar wij hebben er een traditie van gemaakt om een tiara uit te reiken aan de persoon die die maand het meeste succes had met nee zeggen. En de persoon die in oude, slechte gewoonten was vervallen, kreeg van ons een ezelsmuts. We hebben allemaal beide hoofddeksels gedragen.
5. Sta klaar voor elkaar. Reageer zo snel mogelijk op SOS-mails. Als je een idee hebt, bied het dan aan; heb je dat niet, zeg het dan ook, maar blijf ondersteunend.
6. Zeg alleen in geval van nood een bijeenkomst af. Probeer er anders koste wat het kost bij te zijn. Werkgerelateerde 'noodgevallen' zijn geen excuus.

Best practices

1. Neem tijdens jullie eerste ontmoeting de tijd om elkaar te leren kennen. Wissel persoonlijke feiten en details over je werkomgeving uit. Trek tijd uit voor het delen van informatie en context.
2. Leg je professionele en persoonlijke doelstellingen aan de andere clubleden voor. Die zullen met de tijd veranderen, dus zorg ervoor dat iedereen op de hoogte blijft. Vraag feedback over je ideale pakket van NPT's en houd de club op de hoogte van veranderingen.
3. Op elke bijeenkomst bespreekt iedereen om beurten nieuwe verzoeken en uitdagingen bij het managen van bestaande NPT-opdrachten. Deel successen, mislukkingen en hardnekkige problemen.
   - Vertel je verhaal. Geef voldoende details om een goed beeld te schetsen van de situatie en je bestaande NPT-belasting. Vermeld wie erbij betrokken was, wat je gevraagd werd te doen, waar het gebeurde (was het openbaar?), waarom je werd gevraagd, hoe promotiewaardig de taak is, of die in je ideale takenpakket past, je impliciete nee, hoe je van plan bent te reageren of hebt gereageerd, hoe je je over je reactie voelt of zult voelen, en waarom dit een moeilijke keuze voor je is (als dat zo is).

- Heb je een goed gevoel over hoe je gereageerd hebt?
- Succes = blij dat je ja zei; blij dat je nee zei.
- Verbetering nodig = boos, teleurgesteld dat je ja zei; wilde dat je op een andere manier nee had gezegd.
- Wanneer je de problemen met het managen van je huidige NPT-belasting bespreekt, geef je details over je totale belasting en hoe die zich tot je ideale NPT-pakket verhoudt. Bespreek welke opdrachten je zou willen veranderen. Vermeld hoe die veranderingen al dan niet kunnen worden bereikt. Geef details over mensen die betrokken zijn bij de beslissing om je NPT-portefeuille op je doelstellingen af te stemmen. Bespreek de gevolgen voor jou en voor je organisatie. Vraag de clubleden om advies en ideeën over wat je kunt doen. Vraag om hun inbreng voordat je met je leidinggevende praat om er zeker van te zijn dat je met overtuigende argumenten komt.

4. Sta open voor feedback.
   - Ziet de club de dingen zoals jij ze ziet? Ben je te streng voor jezelf? Heb je een blinde vlek met betrekking tot wat wel en niet een NPT is?
   - Voor een beslissing die je al hebt genomen: wat had je volgens de club anders kunnen of moeten doen? Wat werkte goed wat je zou willen herhalen?
   - Voor een beslissing die je nog moet nemen: vinden de andere clubleden dat je nee moet zeggen? Hoe raden zij je aan je nee te communiceren om eventuele negatieve repercussies te beperken? Als de club vindt dat je ja moet zeggen, bespreek dan zeker je impliciete nee en of je in ruil voor het aanvaarden van een nieuw verzoek opdrachten kunt afstoten.
   - Voor een probleem met het managen van je NPT-belasting: heeft de club creatieve ideeën voor hoe je die last kunt verlichten? Zijn er taken die aan iemand anders toebehoren, die voor anderen promotiewaardig zijn? Kun je opdrachten ruilen voor werk dat beter te combineren is met je andere opdrachten?

5. Luister. Maar dan ook écht. Blijf gefocust op het verhaal dat je hoort. Stel vragen om je clubgenoot te helpen achterhalen wat er aan de hand is. Weersta de verleiding om te zeggen: 'Ik weet hoe je je voelt', en vervolgens iets soortgelijks te vertellen wat jou is overkomen. Het is heel natuurlijk om op het verhaal van een ander te reageren door je eigen verhaal te delen, maar dat haalt de aandacht weg van het oorspronkelijke verhaal en de persoon die het vertelt.
6. Tot slot willen we jullie aanmoedigen om te genieten van de tijd die jullie samen doorbrengen. Een groep mensen die in jouw succes investeert, is steeds moeilijker te vinden; onze club heeft dat voor ons gedaan. Naast gedegen werkgerelateerd advies hebben wij er innige, levenslange vriendschappen aan overgehouden, en we hopen dat jouw club hetzelfde voor jou gaat betekenen.

Uit: *De Nee-club* van Linda Babcock, Brenda Peyser, Lise Vesterlund en Laurie Weingart

EEN *goed* VERHAAL

De hele dag door vertellen we verhalen: hoe die belangrijke meeting verliep of wat je peuterzoon vanmorgen voor grappigs zei. Of we nu herinneringen ophalen met een jeugdvriend of een toekomstig project uiteenzetten: het zijn allemaal verhalen. En als we ze niet zelf vertellen, dan nemen we ze tot ons in de vorm van video's, films, boeken of podcasts. Maar het ene verhaal is het andere niet...

Een goed verhaal maak je zo:

- **Benoem je tegenslagen en overwinningen**. Niemand herkent zich in mensen die alleen maar succes hebben. Laat je problemen dus niet achterwege. Pas als het moeilijk wordt en je toch slaagt, oogst je bewondering.
- **Wissel diepte- en hoogtepunten af**. Niemand zit te wachten op een kabbelend 'en toen, en toen, en toen'. Maak een goede opbouw, bijvoorbeeld: schets de situatie – er ontstaat een probleem – het probleem wordt nog groter – het komt goed. Of: het gaat slecht – het gaat beter – het gaat ineens heel slecht – het komt toch goed. Let maar eens op hoe romans of filmscenario's zijn opgebouwd en kopieer dat.
- **Neem de context mee**. Zonder achtergrond heeft een verhaal geen betekenis. Waarom was het zo onverwacht/ uitzonderlijk/ grappig/ irritant of onvermijdelijk dat iets gebeurde?
- **Maak het spannend**. Laat de uitkomst zo lang mogelijk onzeker, zodat je luisteraar of lezer aan je lippen hangt. Lukte het?

MAAR ALS JE EEN ECHTE
PROFESSIONAL WILT ZIJN,
DOE JE IETS BUITEN JEZELF,
IETS OM DE SCHEUREN IN ONZE
GEMEENSCHAP TE HERSTELLEN,
IETS OM HET LEVEN MOOIER
TE MAKEN VOOR MENSEN DIE
MINDER FORTUINLIJK ZIJN DAN JIJ.

DAT IS VOLGENS MIJ EEN
BETEKENISVOL LEVEN. JE LEEFT
NIET ALLEEN VOOR JEZELF, MAAR
OOK VOOR JE GEMEENSCHAP.

RUTH BADER GINSBURG

MANAGEMENTBOEK IN 15 MINUTEN

HET BOEK VAN HOOP

Ik lees veel over duurzaamheid, en soms deprimeert me dat: we doen zo weinig! *Het boek van hoop* montert me op en zet me aan om mijn steentje bij te dragen.

Het boek van hoop
Jane Goodall

In het kort

- Jane Goodall, bekend als chimpansee-onderzoeker, reist de hele wereld rond om haar boodschap van hoop te verspreiden, met name onder jongeren.
- Zij ziet vier redenen voor hoop:
  - het verbazingwekkende menselijke intellect,
  - de veerkracht van de natuur,
  - de kracht van de jeugd,
  - de ontembare menselijke geest.

Intro

Jane Goodall reist al jarenlang de wereld rond om speeches over hoop te geven, schrijft er boeken over en maakt podcasts. Doug Abrams schreef eerder *Het boek van vreugde*, over de dialoog daarover tussen de Dalai Lama en aartsbisschop Desmond Tutu. In *Het boek van hoop* gaat Doug in drie sessies in een vergelijkbare dialoog met Jane. Want nu, met de pandemie, discriminatie, ongelijkheid en de grootste bedreiging van alles, namelijk klimaatverandering, is er behoefte aan hoop. Hoop, zegt Jane in het voorwoord, is besmettelijk. Laat je infecteren en steek anderen aan!

Wat is hoop?

De eerste sessie vindt plaats in Tanzania. Op de veranda van Janes huis, onder het genot van een glas whisky (er zullen nog vele glazen volgen) en zoemende muskieten, leert Doug haar familie kennen. Dan brandt hij los: wat is hoop? Jane: 'Hoop is wat ons drijft bij tegenspoed, wat ons aanzet tot actie, maar ook wat ons positief houdt als je geen actie kunt ondernemen, bijvoorbeeld bij gevangenschap. Hoop is niet zozeer een emotie maar een eigenschap, cruciaal om te overleven.'

Heeft ze wel eens de hoop verloren? O ja. Tijdens een logeerpartij in Kenia in 1957 ontmoette ze dr. Louis Leakey, een paleo-antropoloog die de fossiele resten van onze vroegste voorouders onderzocht. Leaky geloofde dat kennis over onze 'familieleden', de chimpansees, zou helpen om de menselijke evolutie te begrijpen, en toen ze een paar jaar als zijn secretaresse had gewerkt, vroeg hij Jane het gedrag van een groep chimpansees te onderzoeken. Hij wilde géén wetenschapper, maar iemand zonder vooroordeel over dieren. Hij stuurde haar naar Gombe, praktisch in haar eentje. Het werd een periode van teleurstelling, wanhoop zelfs. De chimpansees lieten zich niet van dichtbij zien en het onderzoeksgeld raakte op. Maar Jane bleef hopen en na maanden begonnen de chimpansees haar te vertrouwen en kwamen ze dichterbij. Ze ontmoette David Greybeard, een oude chimpansee die een stokje gebruikte om mieren uit hun nest te drijven. Dat was een wereldschokkende ontdekking: niet alleen mensen, maar ook dieren gebruiken gereedschap! Opeens was er wél genoeg geld voor verder onderzoek, en kreeg ze gezelschap van een Nederlandse cameraman, met wie ze later trouwde.

Was er in 1960 in Gombe een uitgestrekt woud, in 1990 was daar nog maar een klein plukje van over, waarin er op de chimpansees werd gejaagd. In diezelfde periode verloor Jane haar tweede man aan een slopende, pijnlijke ziekte. Toen was het wel erg moeilijk om hoop te houden, zegt ze. Haar familie, maar bovenal de jungle, waarin de cyclus van leven en dood zo duidelijk is, hielpen haar erbovenop. En ja, ze heeft ook hoop voor de toekomst van de mensheid. Tenslotte is de toekomst niet te voorspellen. Janes hoop lijkt onverwoestbaar.

Doug heeft wat wetenschappelijke studies over hoop opgezocht. Het blijkt iets heel anders te zijn dan wensen of fantaseren, in die zin dat alleen hoop zorgt dat je actie onderneemt om je gewenste doel te bereiken. Het is ook anders dan een optimist zijn: met hoop denk je dat je ervoor kunt zorgen dat het goed komt, niet dat het vanzelf goed komt. Hoop heeft een positieve impact op succes, geluk en zelfs gezondheid.

Jane heeft vier redenen voor hoop: het verbazingwekkende menselijke intellect, de veerkracht van de natuur, de kracht van de jeugd en de ontembare menselijke geest. Maar voordat zij er met Doug over kan praten, moet hij terug naar huis, waar zijn vader in het ziekenhuis ligt. Opeens voelt hij de hopeloosheid aan den lijve.

Hoop door het verbazingwekkende menselijk intellect

Het is vier maanden later als Doug en Jane elkaar weer ontmoeten, ditmaal in een huisje op de Veluwe van Patrick van Veen, destijds de voorzitter van het Jane Goodall Institute. Dougs vader is aan kanker overleden en Doug herinnert zich hoe weinig hoop hij voelde toen zijn vader werd opgegeven. Op het laatst raakte hij in een delier, en Doug was geschokt door de breekbaarheid van de hersenen. Dat leidt als vanzelf tot zijn vraag aan Jane: 'Waarom is het menselijk intellect een reden voor hoop?' Jane: 'Het gaat om de explosieve ontwikkeling van ons verstand, dat deel van onze hersenen dat redeneert en problemen oplost. Natuurlijk hebben dieren ook intelligentie, ook al zijn hun hersenen niet zoals de onze. Een octopus heeft hersenen in elk van zijn acht armen! Maar met al die intelligentie zouden ze nooit een raket kunnen ontwikkelen die naar Mars vliegt, of een wandeling op de maan kunnen maken.

Wat ons anders maakt dan intelligente dieren, is taal. Daardoor kunnen we communiceren over ideeën, kunnen we plannen maken. Het gaat erom hoe we ons verstand gebruiken in verschillende omstandigheden. In een vredige samenleving kun je een heilige zijn, met vriendelijkheid, vrijgevigheid. In een vijandige samenleving moet je ervoor kiezen een zondaar te zijn, met agressie, wreedheid en egoïsme. Heilige en zondaar, we kunnen kiezen, en door die flexibiliteit overleefden we.'

Doug vraagt: 'Hoe kunnen we ons verbazingwekkende verstand ook verstandig gebruiken?' Jane: 'We moeten begrijpen dat als we nu niets doen aan de opwarming van de aarde en het verlies van biodiversiteit, het waarschijnlijk te laat is. Naast ons verstand hebben we ook verbinding met de natuur nodig, zoals de inheemse volken die hebben. Wij zijn niet slimmer dan de natuur! Want al het leven heeft intelligentie – denk aan het World Wide Web – en is onderdeel van een hogere Intelligentie.'

Hoop door de veerkracht van de natuur

'Realiseer je je dat zonder planten, er geen dieren en mensen zouden zijn?' vraagt Jane. 'En planten zijn zo ontzettend veerkrachtig!'

> Op Ground Zero stond een boom die verpletterd was door de blokken beton van de ingestorte torens. Maar dood was hij niet! De Survivor Tree bloeit weer.
> In Nagasaki hebben twee bomen de atoombom overleefd.

'Maar veel gebieden worden totaal vernietigd en veel diersoorten sterven uit,' weerlegt Doug. 'Hoe kun je nog hopen dat het goed komt?' Jane ziet dat veel mensen de hoop hebben verloren, gedeprimeerd zijn. Dat heet eco-verdriet, want we moeten ons niet verliezen in wanhoop, en het juist inzetten om in actie te komen. We kunnen stukken natuur redden, en die succesverhalen gebruiken om anderen tot actie te inspireren, om hoop te geven. Want het kán, de natuur is zo veerkrachtig!

Ja, vaak moeten we de natuur een handje helpen bij het herstel. De natuur is weerbaar, veel soorten kunnen zich aan verandering aanpassen. Neem de chimpansees: in Gompe leven ze zoals ze dat al eeuwen doen. Ze maken hun nesten in bomen en slapen 's nachts. Ze eten hun traditionele voedsel. Maar de chimpansees in Senegal, waar het veel heter is, foerageren 's nachts en slapen in grotten. Enthousiast begint Jane over *rewilding*. Veel soorten komen daardoor terug, zoals herten, wolven en bevers, veel vogelsoorten die we al eeuwen niet meer in het wild zagen. Sommige van deze soorten stonden op het punt van uitsterven. Nu is voor zover we weten 99,9 procent van alle soorten die ooit de aarde bevolkten inmiddels uitgestorven, maar het tempo van uitsterven is nog nooit zo hoog geweest, door ons toedoen! De projecten om verder uitsterven te voorkomen zijn niet alleen goed voor de dieren, maar ook voor ons: een gezond ecosysteem geeft ons eten, water en lucht. Inmiddels is het weer tijd voor een glas whisky, om de kelen te smeren.

Hoop door de kracht van jonge mensen

De volgende dag gaat de dialoog verder. Janes wangen zijn rood, ze ziet er energiek en jong uit, terwijl ze bijna negentig is. En nog steeds is ze nieuwsgierig en betrokken bij de natuur. De speeches die ze het liefst geeft, zijn die voor studenten. Ook zij zijn zó betrokken! Jane ontmoet veel apathische, boze of gedeprimeerde jongeren op haar reizen, die voelen dat hun toekomst beschadigd is. 'En terecht, we hebben hun aarde gestolen,' zegt Jane. Maar ze hebben geen gelijk als ze zeggen dat ze er niets aan kunnen doen. Daarom begon Jane in 1991 in Tanzania haar Roots & Shoots-programma, dat leidde tot veel vrijwilligerswerk van scholen: het opruimen van de stranden, het planten van bomen. De jonge mensen voelen dat ze iets betekenisvols doen, het geeft hun energie. Inmiddels heeft R&S honderdduizenden leden in 68 landen. R&S is zo succesvol omdat de jongeren zélf activiteiten kiezen, omdat hun leraren meewerken en omdat het drie verschillende problemen aanpakt: dieren, sociale issues en het milieu. Voor elk wat wils dus. De jongeren van R&S leven niet alleen zélf duurzamer, ze beïnvloeden ook hun ouders.

Ben van Beurden, ex-ceo van Shell, vertelde dat op een dag zijn toen tienjarige dochter hem vroeg of het waar was dat zijn bedrijf de aarde vernietigde. Hij beloofde haar alles te doen om dat te voorkomen en besloot het Akkoord van Parijs te steunen.

De jongeren van vandaag zijn veel meer betrokken bij klimaatverandering omdat ze er veel meer informatie over krijgen. Ze stemmen op groene partijen. De alumni van R&S hebben invloedrijke banen en werken op verschillende manieren aan duurzaamheid. Als jongere ben je niet machteloos: miljoenen druppels maken een oceaan.

Hoop door de ontembare menselijke geest

De volgende dag kruipen Jane en Doug met mokken koffie bij de open haard. Doug heeft de afgelopen nacht gepiekerd over 'geest'. Wat is Janes definitie hiervan? Jane zegt dat 'geest' over energie, over innerlijke kracht gaat, en dat onze geest een verbinding heeft met de grote spirituele kracht die zij voelt als ze in de natuur is. Een vonk daarvan is aanwezig in alle levensvormen. De ontembare menselijke geest zorgt ervoor dat we nooit opgeven, dat we het onmogelijke toch proberen. Dat we handicaps, discriminatie, misbruik overwinnen, ons leven willen geven in een strijd voor vrijheid. Denk aan Martin Luther King, Nelson Mandela, Ken Sari-Wiwa, Mahatma Gandhi, Winston Churchill. Churchill inspireerde het VK om dóór te vechten tegen de nazi's.

> WE ZULLEN DE VIJAND BEVECHTEN OP DE STRANDEN, IN DE VELDEN, IN DE HEUVELS EN OP DE STRATEN. WE ZULLEN ONS NOOIT OVERGEVEN.
>
> *– Winston Churchill*

Die ontembare menselijke geest heeft verbeelding, lef, vasthoudendheid en weerbaarheid nodig. Die geest is er altijd, maar we doen er maar zelden een beroep op. En helaas wordt die geest ook gebruikt bij zelfmoordaanslagen. We moeten de menselijke geest gezamenlijk inzetten tegen klimaatverandering en verlies van biodiversiteit! Maar hoe krijgen we de ernst van het probleem op tafel, zodat mensen in actie komen? Hoe zorgen we dat onze kinderen deze ontembare geest ontwikkelen? Want niet iedereen vecht tegen narigheid, sommigen worden erdoor overweldigd en gaan kopje-onder, hebben geen weerbaarheid. Die zit in de genen (of niet) maar wordt ook opgebouwd door opvoeding, een veilige omgeving en zorgzaamheid. En later met hulp van een supportnetwerk, met familie, mensen die de trauma's begrijpen, zelfs huisdieren. Ook belangrijk is het hebben van een hoger doel. Als mensen dat niet hebben, moet je een verhaal vertellen dat hun hart raakt en hen wakker schudt.

Een prachtig voorbeeld van een verhaal over een hoger doel is *In de ban van de ring*, waarin de helden het moeten opnemen tegen een tegenstander die onverslaanbaar lijkt. Hoe heldhaftig zijn die twee kleine hobbits, die in Mordor het grootste gevaar tegenmoet treden! De Nazgul en de Zwarte Vorst symboliseren alle ellende die we moeten bevechten: klimaatverandering, verlies van biodiversiteit, racisme, discriminatie, hebzucht, corruptie. In het doosje dat Sam van Galadriel had gekregen, zat aarde uit haar boomgaard. Toen hij dat na de goede afloop in Middenaarde uitstrooide, kwam de natuur weer tot leven. Dat symboliseert onze acties.

Een boodschapper van hoop

Voor de laatste sessie zou Doug naar het huis in Engeland komen, waar Jane opgroeide. Helaas, door corona wordt het een Zoomgesprek. Hoe is Jane een boodschapper van hoop geworden, was ze dat al van jongs af aan? Jane vertelt dat haar familie altijd verhalen had over dapperheid en hoop. En ze was net tien toen de geallieerden de Tweede Wereldoorlog wonnen, ondanks de Duitse overmacht. Daardoor gelooft ze in volhouden, nooit opgeven. Toen ze naar Cambridge ging, zonder voorafgaande studie, bleken haar onderzoeksmethoden en overtuigingen over de persoonlijkheden en emoties van dieren lijnrecht in te gaan tegen de gangbare meningen van de hoogleraren daar; ze was erdoor geïntimideerd. Ze ging niet in discussie met die hoogleraren, maar liet hun haar films en notities uit Gombe zien. Ze gaf niet op, en na een tijdje stopte de kritiek. Ze haalde haar PhD in 1966.

In 1986 werd ze activist, toen ze tijdens een conferentie chimpansees zag die als proefdieren werden gebruikt. Het was verschrikkelijk voor haar om de laboratoria in te gaan en die denkende en voelende chimpansees in die kleine kooien te zien.

Tegelijkertijd probeerde ze in Afrika de jonkies, die op de markt als huisdier verkocht werden, te redden. Ze richtte in 1994 Tacare op, zodat de lokale gemeenschappen het beter kregen en niet meer afhankelijk waren van het eten en verkopen van chimpansees (en het kappen van bomen). Ze wist hulp te krijgen van bekende, machtige mensen, want het was haar in haar eentje niet gelukt. Communicatie met mensen is haar sterke punt, zegt Jane, ze raakt de mensen in hun hart, kan hen activeren. Jane gelooft dat er een reden is dat ze deze gave heeft gekregen. Ze moet hem gebruiken om de wereld beter te maken, ook al betekende dat dat ze Gombe moest verlaten. Net als haar comfortzone, want vaak staat ze voor een zaal vol met wetenschappers en klimaatexperts, en is ze bloednerveus. Ze houdt zichzelf voor dat ze altijd de kracht zal hebben om door moeilijke dagen heen te komen. Die kracht komt van de hogere, spirituele macht. Dat klinkt zweverig, maar Albert Einstein zei het ook.

> **THE HARMONY OF NATURAL LAW... REVEALS AN INTELLIGENCE THAT, COMPARED WITH IT, ALL THE SYSTEMATIC THINKING AND ACTING OF HUMAN BEINGS IS AN UTTERLY INSIGNIFICANT REFLECTION.**
>
> ***– Albert Einstein, The world as I see it***

'Word je geleid door die spirituele intelligentie, of is het toeval hoe je leven zich ontwikkeld heeft,' vraagt Doug. 'O nee, ik geloof niet in toeval,' zegt Jane. 'Dan zouden dingen random gebeuren, terwijl in werkelijkheid het leven ons kansen geeft. Die kun je grijpen, afwijzen, of gewoon niet zien.'

Nu ze de negentig nadert, denkt ze steeds meer na over haar laatste reis: doodgaan. Stel dat er 'iets' is na de dood, dan is er geen groter avontuur dan uitvinden wat het is. Er zijn genoeg bijna-doodervaringen om te geloven dat er 'iets' is.

Doug stelt een laatste vraag: 'Waarom zeggen zoveel mensen dat je hun hoop geeft?' Jane zegt dat ze het echt niet weet. Misschien geeft ze die mensen het idee dat hun leven een verschil kan maken? Doug sluit het Zoomgesprek af en hoopt dat Jane nog lang haar speeches kan houden. En als ze dan aan haar laatste avontuur begint, zal de ontembare menselijke geest in ons allemaal haar werk voortzetten.

Samenvatting **Elly Stroo Cloeck**, accountant, projectmanager Finance en schrijver van recensies en samenvattingen van managementboeken (www.1001managementboeken.nl).

GEWELDIGE DINGEN

Uit een wirwar van snoeren in een stekkerblok de stekker van jouw laptoplader eruit trekken...

Geweldig!

HET GROOTSTE PROBLEEM MET COMMUNICATIE IS DE ILLUSIE DAT DIE HEEFT PLAATSGEVONDEN.

GEORGE BERNARD SHAW

MANAGEMENTBOEK VAN HET JAAR 2023

Donderdag 20 april 2023 werd voor de 21ste maal de prijs voor het Managementboek van het Jaar uitgereikt. Initiatiefnemer van deze prijs is online boekhandel Managementboek.nl, die zich hiervoor laat bijstaan door een onafhankelijke vakjury. Dit jaar bestond deze jury uit Eric van Arendonk, Arvid Buit, Elmas Duduk, Jasmijn Mioch, Henny Portman en Liesbeth Tettero.

Uit de eerste ronde van ruim 200 boeken, stelde de jury uiteindelijk een longlist samen van 48 titels. Al snel bleek de interesse van juryleden uit te gaan naar boeken die een bijzondere rol vervulden in de totale line-up van deze verkiezing. Namelijk: boeken die mensen inspireerden om iets écht anders te doen. Om opnieuw te kijken en origineel te denken. Deze selectie van 5 prachtige titels vormde de shortlist van 2023:

De speechschrijver
Renée Broekmeulen

Wie zich als manager regelmatig op een podium bevindt, kon zich tegoed doen aan het werk van Renée Broekmeulen; *De speechschrijver*. Taalkundig een genot, inhoudelijk ijzersterk opgebouwd en bovendien voorzien van vele nieuwe inzichten. Broekmeulen combineert inhoudelijke autoriteit met een 'walk the talk' schrijfstijl. Wouter Bos, Roger van Boxtel en Bram Peper rekenden al op Broekmeulens expertise, en de jury begrijpt helemaal waarom.

De blauwe fabel
Ties Joosten

Ties Joosten wist met zijn eerste boek *De blauwe fabel* een gevoelige snaar te raken. Veelbesproken in de jury, mede door de niet-typische vorm binnen de line-up van deze verkiezingen. De jury roemt zijn eigenheid, inhoudelijk ijzersterke research en prachtige schrijfvorm, die leest als een spannend jongensboek. Zijn werk duidt het fenomeen 'sunken cost fallacy' als geen ander.

Why Innovation Fails
Joachim De Vos

De Vlaamse auteur Joachim De Vos waagde zich aan een hot thema dat weinigen durfden aan te raken: innovatie. Vanuit zeer (!) gedegen wetenschappelijk onderzoek, opgetekend vanuit realistische casestudies weet hij managers mee te nemen in valkuilen rondom innovatie. Hij geeft inhoudelijke handvatten en concrete tools om hier direct en constructief mee aan de slag te gaan. Voor wie hier ook maar enigszins mee te maken heeft: *Why Innovation Fails*.

Van winst naar waarde
Frank Peters

Net als vorig jaar wist Frank Peters met een boek op de shortlist te komen, ditmaal met *Van winst naar waarde*. Een steengoed boek over een maatschappelijk relevant thema: langetermijnwaardecreatie. Vrijwel dagelijks lezen we hierover in de krant, en Peters maakt dit praktisch en behapbaar voor managers, bestuurders en toezichthouders. Relevant, actueel, maar ook toepasbaar beschreven voor wie zich in boardrooms bezighoudt met de toekomst.

EN DE WINNAAR IS: *sla de bladzijde om...*

managementboek vanhet jaar 2023

KAREN SIKKEMA EN MICHIEL VAN EUNEN

SPELEN WERKT

Spelend leren is de leukste en meest krachtige manier van leren. Toch maken docenten, trainers en opleidingsprofessionals maar weinig gebruik van spelelementen. En dat terwijl de mensen die zij opleiden in hun vrije tijd zoveel plezier beleven aan spelletjes op hun mobiel, sportwedstrijden, bordspellen of escaperooms.

Dit boek laat je zien hoe je game-based learning gemakkelijk kunt toepassen. In een complete training, een opleidingsprogramma of in één enkele werkvorm. Voor meer fun, meer interactie en meer motivatie. Met een concreet stappenplan, inspirerende voorbeelden, theorieën en modellen.

Spelen werkt
Karen Sikkema en
Michiel van Eunen

UIT HET JURYRAPORT:

Mensen leren door te spelen, zo weten auteurs Karen Sikkema en Michiel van Eunen. In hun boek *Spelen werkt* weten ze managers te inspireren om veel creatiever te kijken naar menselijke ontwikkeling. Om nu eindelijk eens de 'oude systemen' los te laten en op de werkvloer meteen aan de slag te gaan met elkaar. Dat ontwikkelen óók kan met een glimlach, wordt kraakhelder voor wie dit boek leest. De energie straalt je van de pagina's tegemoet.

In de gesprekken aan de jurytafel bleek dat het collectieve doel was om praktische verandering te stimuleren. Om iedere manager in Nederland na het lezen van het winnende boek direct te inspireren om actie te ondernemen. Terwijl de arbeidsmarkt bijna implodeert onder het gebrek aan mensen, staat leren en ontwikkelen veelal nog te laag op de agenda.

Met de keuze voor de winnaar dit jaar, hoopt de jury alle Nederlandse en Vlaamse managers te inspireren om mórgen al te gaan spelen. Spelen op de werkvloer, samen leren en samen ontwikkelen.

KOM tot de KERN

Je hebt vast wel iemand gekend met een talent om de vinger op de zere plek te leggen. Het gesprek gaat alle kanten op, en opeens zegt die persoon: 'Weet je, volgens mij gaat het hier eigenlijk om vertrouwen. We hebben geen vertrouwen meer in elkaar.' Het kan ook een andere briljante conclusie op grond van de voorgaande chaotische situatie zijn. Tien hoofden knikken, en opeens kom je verder omdat je nu tot de kern komt. Hoe doet iemand dat?

Een van de beste manieren om ervoor te zorgen dat je het over het juiste onderwerp hebt, is er goed in worden om het te merken als je het over het verkeerde onderwerp hebt. Knoop de volgende drie alarmsignalen in je oren en gebruik ze telkens als je ze herkent als een cue om even afstand te nemen om het gesprek te ontwarren en je af te vragen: 'Wat is het eigenlijke probleem waarover ik het moet hebben?'

1. Je emoties escaleren. Als je het verkeerde gesprek voert, zelfs als dat goed gaat, weet je ergens dat je het eigenlijke probleem niet aan de orde stelt of oplost. Daardoor raak je gefrustreerd, en in de loop van het gesprek neemt die frustratie toe.

2. Na het gesprek ben je sceptisch. Zeker, misschien ben je aan het eind van het gesprek tot een akkoord gekomen, maar terwijl je wegloopt, denk je bij jezelf: 'Hier gaat niet echt iets veranderen.' Of je komt tot een akkoord, maar betwijfelt of de veranderingen waarover je het eens bent geworden het werkelijke probleem zullen oplossen. Zo'n akkoord is niet meer dan een façade, want het brengt je niet wat je werkelijk wilt.

3. Tijdens het gesprek heb je een déjà vu-gevoel. Als je ooit voor de tweede keer met dezelfde mensen hetzelfde gesprek voert, zijn *zíj* niet het probleem, maar *jíj*. Je voert het verkeerde gesprek. Als de woorden je bekend voorkomen terwijl je ze uitspreekt omdat je dit gesprek eerder hebt gevoerd – misschien wel tien keer –, dan heb je het over het verkeerde onderwerp.

Ontwarren

Het gesprek kent drie niveaus met betrekking tot het onderwerp zelf, en een vierde met betrekking tot het proces, het gesprek zoals dat wordt gevoerd – op dat proces zullen we later terugkomen. Een goede manier om het juiste onderwerp te vinden begint met het ontwarren van de verschillende problemen naar niveau. Je kunt die niveaus onthouden met de afkorting IPR.

Inhoud. De eerste keer dat een probleem ter sprake komt, praat dan over de inhoud – het meest urgente pijnpunt. Als ofwel de actie zelf, ofwel de directe gevolgen ervan het probleem zijn, heb je een inhoudelijk probleem. Bijvoorbeeld, een collega heeft verzuimd om jou de marktanalyse te geven die je nodig had om een rapport voor je manager af te ronden. Nu staat jouw baan op de tocht, omdat je te laat was met je rapport. Of je geeft een presentatie bij een teambespreking, en een van de andere leden van je team valt jou telkens in de rede. Als dit de eerste keer is, is het een inhoudelijk probleem.

Patroon. Als het probleem zich opnieuw voordoet, kan het een patroon zijn. Nu is het probleem niet alleen dat dit één keer is gebeurd, maar dat er een patroon ontstaat of al is ontstaan. Stel je voor dat je de laatste drie keer gepasseerd bent bij een belangrijk project waar je je interesse voor had uitgesproken. Hierbij gaat het niet meer alleen om dat ene project, maar om het patroon. Het kan moeilijk zijn om de overgang van een inhoudelijk probleem naar een patroon vast te stellen. Vaak kun je het gevoel hebben dat je een overhaaste conclusie trekt als je één tel nadat het probleem zich voordoet van een patroon gaat spreken. Toch wil je een patroon in een vroeg stadium en openhartig aan de orde stellen, voordat het een gewoonte wordt. Misschien helpt het om er zo naar te kijken: de eerste keer dat iets gebeurt is het een incident. De tweede keer zou het toeval kunnen zijn. De derde keer is het een patroon.

Relatie. Ten slotte: als problemen aanhouden, kunnen ze effect hebben op de relatie. Relatieproblemen leiden tot meer fundamentele twijfels over vertrouwen, competentie of respect. Zo kunnen we aan iemands competentie gaan twijfelen of ons afvragen of we ervan op aan kunnen dat iemand zich aan zijn of haar afspraken zal houden. Of we kunnen na meerdere incidenten besluiten dat iemand geen respect heeft voor onze rol of bijdrage. Als die twijfels en vragen in ons denken op de voorgrond treden, verandert onze verhouding tot de persoon in kwestie (subtiel of openlijk). Soms kan een relationeel probleem zich de eerste keer al in volle hevigheid openbaren. Als je bijvoorbeeld ziet dat een collega vertrouwelijke bestanden op een usb-stick zet en die mee naar huis neemt, kun je meteen al een vertrouwensprobleem hebben.

Uit *Crucial conversations – de herziene editie*, van Joseph Grenny, Kerry Patterson, Ron McMillan, Al Switzler & Emily Gregory

MET *de* KUDDE MEE

Mensen zijn kuddedieren en daarom altijd geneigd om zich te conformeren aan anderen. Als duidelijk wordt dat een significant percentage van de eigen groep zich aan bepaalde leefregels houdt of er bepaalde denkbeelden op na houdt, gaat de meerderheid daar vroeg of laat in mee. Zo was je levensstijl aanpassen omwille van de natuur twintig jaar geleden nog iets voor geitenwollensokkentypes. Inmiddels zijn afval scheiden, minder vlees en meer biologisch eten, je CO_2-belasting compenseren bij een vliegreis en elektrisch autorijden heel normaal. En de kans is groot dat jij in de afgelopen jaren je standpunt over bijvoorbeeld Zwarte Piet of gaswinning hebt bijgesteld.

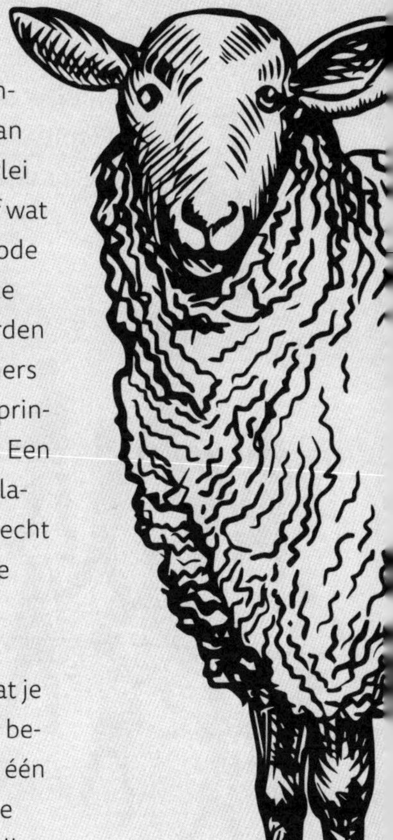

Eén persoon kan zo'n omwenteling in gang zetten. Als hij één ander kan overtuigen, die weer één of meer mensen beïnvloedt, kan het ineens snel gaan. Voor je het weet, krijgen mensen van allerlei kanten signalen dat dit blijkbaar is hoe we het voortaan doen of wat we ergens van moeten vinden. Het werkt zo met trends, met mode en met opvattingen. We kunnen daar heel ver in gaan. Uit talloze onderzoeken blijkt dat veel mensen zelfs bewust foute antwoorden geven op eenvoudige vragen als ze merken dat andere deelnemers aan het onderzoek dat doen. Liever fout dan out, blijkbaar. Het principe werkt altijd en kan ten goede of ten kwade worden ingezet. Een paar vasthoudende politici en ambtenaren zwengelden de toeslagenaffaire aan, waardoor talloze gedupeerden eindelijk in hun recht kwamen te staan. Andersom wist één gek in zijn eentje twijfel te zaaien over de 'gestolen verkiezingen' in de VS.

Hoe kun je je voordeel doen met dit gegeven? Heb jij het idee dat je organisatie of de maatschappij een andere kant uit zou moeten bewegen? Laat je horen, spreek je uit! Al heb je aanvankelijk maar één medestander, dat kan genoeg zijn om een verandering in gang te zetten. Blijf herhalen waar je in gelooft en laat die sneeuwbal rollen en groeien, totdat iedereen het de normaalste zaak van de wereld vindt om het met je eens te zijn.

LEIDERS *houden van* MODES

Of het nou crisis is of niet, leiders moeten vaak veranderingen doorvoeren. Die veranderingen gaan meestal gepaard met nieuwe organisatievormen. Maar het veranderen van de structuur lost niet automatisch het probleem op, al wordt dat wel vaak gedacht of – tegen beter weten in – gehoopt.

Een schrijnend voorbeeld is de jeugdzorg. Met de invoering van de Jeugdwet in 2015 waren de doelen ambitieus: de wet zou het jeugdstelsel vereenvoudigen, waardoor het allemaal efficiënter en effectiever kon. Er werd besloten tot grootschalige decentralisatie, om daarmee de integrale aanpak van problemen van kwetsbare jongeren mogelijk te maken. De verwachting was dat deze decentralisatie de katalysator zou zijn voor verbeteringen, tegen lagere kosten. Het klinkt haast te mooi om waar te zijn en dat bleek ook het geval. Kwetsbare kinderen werden onvoldoende beschermd, er waren lange wachtlijsten en er was een groot personeelstekort. Na een vernietigend rapport uit 2019 van de Inspectie Gezondheidszorg en Jeugd besloten de toenmalige ministers De Jonge en Dekker in te grijpen door een deel van de decentralisatie terug te draaien.

Bij de politie speelt een tegenovergestelde beweging. Een aantal jaren geleden werd daar namelijk besloten tot grootschalige reorganisatie en de oprichting van een Nationale Politie. In tegenstelling tot de jeugdzorg is hier gekozen voor centralisatie. Opnieuw vielen de opbrengsten tegen en de korpschef (de hoogste baas) erkent zelfs dat de organisatie is doorgeslagen in deze centralisatietendens. Terwijl de complexiteit in de wijken toeneemt, is de politie steeds meer op afstand komen te staan, juist door die centralisatie.

De situatie bij de jeugdzorg en die bij de Nationale Politie zijn natuurlijk inhoudelijk heel verschillend, maar er speelt wel een vergelijkbaar proces. Een grootschalige verandering krijgt vorm door een structuurwijziging. Deze blijkt vervolgens niet het gewenste effect te hebben en snel zoekt de leiding de oplossing in... een nieuwe structuur die haaks staat op de vorige, zonder te analyseren wat precies de oorzaken van de achterblijvende resultaten zijn, zoals een gebrek aan financiële middelen, of een verziekte organisatiecultuur.

Dit proces doet zich in meer organisaties voor. Veranderingen buitelen dan over elkaar heen, vaak versneld door een crisis, waarbij telkens alle heil wordt verwacht van de nieuwste organisatievorm. Steeds zal het betreffende nieuwe concept dit keer wél gaan zorgen voor ongekende resultaten en verbeteringen. Als die resultaten vervolgens tegenvallen, stappen organisaties net zo makkelijk weer over op een andere, nóg hippere managementtrend. Bepaalde managementconcepten zijn 'in' en na een tijdje net zo goed weer 'uit' (wie doet er bijvoorbeeld nog aan Total Quality Management?).

Hoe komt het dat leiders telkens weer een nieuwe trend omarmen die hun gouden bergen belooft maar vervolgens niet brengt? Allereerst natuurlijk omdat het volgen van een mode makkelijk is. Het ontslaat leiders van de verplichting om zelf goed te analyseren wat de beste oplossing zou zijn voor de eigen organisatie, gegeven de situatie waarin deze zich bevindt. Het bespaart bovendien tijd. In tijden van crisis, wanneer er helemaal weinig tijd is om besluiten te nemen, blijkt de neiging om mee te lopen met de mode dan ook extra groot. Het lijkt bovenal houvast te bieden. Als de concurrent of de buren het doen, dan zal het wel goed zijn: je zou wel gek zijn om niet met deze stroom mee te bewegen.

Managementrages zijn ook een verdienmodel voor allerlei externe partijen, zoals organisatieadviseurs. Een nieuwe hype betekent nieuwe producten en diensten, want organisaties kunnen die nieuwe werkwijze vaak niet zelfstandig invoeren. Deze situatie komt in allerlei sectoren voor, zoals ook in het primair en voortgezet onderwijs. Lerarenopleider Eric Meester hekelde in een interview in *de Volkskrant* 'het bedroevende niveau' van populaire lesmethoden. Al jarenlang dalen de leerprestaties van kinderen in Nederland: tussen 2003 en 2018 steeg het aantal slecht lezende 15-jarigen in Nederland van 11 procent naar 24 procent. De oorzaak hiervan ligt volgens Meester onder andere in de methode van het zogenaamde 'gepersonaliseerd leren' en de hype van de *21st century skills*-beweging. Alhoewel studies laten zien dat deze manier van leren niet effectief is, gebruiken talloze scholen deze methode nog steeds. Het is brood op de plank voor de ontwikkelaars van lesmethoden, want 'alles wat modern en vernieuwend klinkt, doet het goed in het onderwijs, dus methodemakers zijn massaal ingesprongen op de wensen van aanhangers van het gepersonaliseerd leren'– aldus Meester.

Leiders zijn uiteindelijk vooral zelf debet aan de opkomst én snelle ondergang van managementrages. Zij willen namelijk graag (te) snel resultaat zien van de nieuwe mode. In een onderzoek naar de veranderende rol van het middenkader in organisaties werd dit fenomeen beschreven als de permanente slingerbeweging: veranderingen en hypes leiden voortdurend tot een nieuw gedefinieerde rol voor de middenmanager, maar de daadwerkelijke implementatie van deze vernieuwing komt er niet van, omdat de top van de organisatie vrij snel concludeert dat de beoogde verandering niet plaatsvindt. De oplossing ligt dan voor de hand: er is een nieuw en beter middenkader nodig, dat haaks kan staan op die vorige 'betere' middenmanager. En hup, de volgende nieuwe managementtrend is een feit.

Hoe komen organisaties dan wél uit de fuik van de managementmodes, juist in onzekere tijden? J.W. Gibson en D.V. Tesone hebben daar een mooie checklist voor opgesteld met 11 vragen die leiders zichzelf zouden moeten stellen voordat ze tot invoering van een nieuwe managementmode overgaan. Zo zou eerst de vraag gesteld moeten worden of de problemen die de organisatie ervaart, liggen aan de vorige managementmode waarvoor destijds is gekozen. Ook moeten leiders bepalen of ze wel beschikken over de benodigde middelen om de nieuwe mode te implementeren en of er voldoende tijd is om te wachten op de langetermijnvoordelen van die mode. Als het antwoord op deze vragen 'nee' is, dan is het advies simpel: begin er niet aan.

CHECKLIST VOOR HET ADOPTEREN VAN MANAGEMENTRAGES

- Bestaat de rage al lang genoeg om een bewezen staat van dienst te hebben?
- Is het doel van de rage een aanvulling op de behoeften van de organisatie?
- Past de implementatie van de rage bij de organisatiecultuur?
- Zal het overnemen van de rage de organisatie helpen concurrerend te blijven?
- Heeft de organisatie de middelen die nodig zijn om de rage te implementeren?
- Wegen de verwachte voordelen van de rage op tegen de directe en indirecte kosten?
- Kan de rage worden geïmplementeerd in kleine delen van de organisatie om de nieuwe concepten met minimaal risico te testen?
- Is het trackrecord van de organisatie met eerdere rage-adoptie positief geweest?
- Kunt u wachten op de langetermijnvoordelen van rage-adoptie?
- Kunnen organisatorische inertie en weerstand tegen verandering worden gemanaged om de rage met succes te implementeren?
- Hebt u een keus?

Uit: *Goede leiders in onzekere tijden*
van Janka Stoker en Harry Garretsen

MANAGEMENTBOEK IN 15 MINUTEN

BUILDING A SECOND BRAIN

Ik ben een fan van Getting Things Done, die bekende methode van David Allen om je taken te managen zonder dat je alles hoeft te onthouden. Heerlijk, die rust in mijn hoofd! Ik voelde me dan ook direct aangesproken door Building a Second Brain, een methode die nog een stapje verder gaat en álle informatie betreft die je maar zou willen onthouden. Ook die bewaar je buiten je hoofd: in een tweede brein. Een onderdeel van de methode is het maken van aantekeningen en die terugbrengen tot de essentie, door vet te maken en te highlighten. Wat een goed idee! Ik paste het direct toe... in dit stuk. Een boek van 66.000 woorden leidde tot een 'In het kort' van tweehonderd woorden. Hoe nuttig is dat?

Building a Second Brain
Tiago Forte

In het kort
Wat is de kans dat wat je in een managementboek leest precies dát is wat je nodig hebt op precies dát moment? Die kans is klein. En dus proberen we die handige tips te onthouden, te bewaren, zodat we er ooit, in de toekomst, wat aan hebben. Maar onthouden gaat niet lukken, daar is het te veel voor. We moeten de kennis bewaren buiten onze hersenen: in een tweede brein. Zo maak je hersencapaciteit vrij om te denken en creatief te zijn.

Kennis is pas nuttig als je er wat mee doet. Dan heb je een goed georganiseerd tweede brein nodig, met bruikbare én snel vindbare brokjes kennis. Dat organiseren gebeurt met een aantal methoden: CODE (voor Capture, Organiseren, Destilleren en Expressie), PARA (voor het gebruiken van folders voor Projecten, Areas, Resources en Archief), en de Progressieve Samenvat Techniek.
Om dit goed te laten werken moet je jezelf gewoonten aanleren waarmee je je tweede brein continu aanvult en verbetert. Belangrijk is ook dat je alle kennisbrokjes in je tweede brein gebruikt, hetzij als bouwsteen voor een product, hetzij voor een alternatief doel, een blog of post. En: er is genoeg informatie voor iedereen, als je je kennis deelt wordt het meer, en rijker.

Hoe het begon

Tiago Forte is ziek en krijgt medicijnen met veel bijwerkingen, waaronder... geheugenproblemen. Daar wil hij natuurlijk van af. Hij gaat zelf zijn symptomen bijhouden, ziet patronen, verandert zijn levensstijl en wordt, zonder medicatie, een stuk beter! Die gewoonte van aantekeningen maken verandert zijn leven, want hij gaat nu ook aantekeningen maken voor allerlei andere zaken: voor zijn werk als leraar en als analist in Silicon Valley. Van een papieren aantekenboekje stapt hij over naar een digitale note-app. Hij ontwikkelt een systeem, schrijft er blogs over en in 2017 begint hij met een betaalde onlinecursus. En nu is er dit boek. **Forte heeft namelijk de sterke overtuiging dat je pas wat aan kennis hebt als je er wat mee doet;** het deelt, bijvoorbeeld.

Ons eerste brein

We consumeren enorm veel informatie: 34GB per dag! En **we besteden enorm veel energie aan pogingen ons dingen te herinneren.** Zonde van de energie, die kunnen we beter besteden. We spenderen ook zo'n 25 procent van onze tijd aan het weer opzoeken van (beroerd) opgeslagen informatie. Die energie en tijd kunnen we beter besteden aan nieuwe dingen bedenken en plannen maken. We moeten dus anders met informatie omgaan: selectiever en ook beter opslaan. De informatie die we opslaan, moet langdurig te gebruiken zijn en ons persoonlijk raken. Alle items zijn bouwstenen voor een actie of product. Technologie helpt ons met beter opslaan – denk aan de cloud- en search-functionaliteit en allerlei apps. **Met een tweede brein maken we hersencapaciteit vrij om te denken.**

Ons tweede brein

Een tweede brein heeft vier functies:

1. **Het maakt onze ideeën concreet. Uit onderzoek blijkt dat als we iets visueel maken, we er meer mee kunnen doen**: van alle kanten bekijken, reorganiseren, combineren.
2. Het laat **verbanden tussen ideeën** zien. We kunnen **verschillende formats (audio, video, tekst) bij elkaar zien en oud en nieuw combineren (quotes uit een klassieker met een tweet)**.
3. Het is een **kweektuin** van onze ideeën. We kunnen **jarenlang ideeën verzamelen** en ze laten groeien en rijpen voor later gebruik.
4. Het scherpt ons **perspectief**. Het geeft ons het materiaal om onze **meningen te onderbouwen** of de **inspiratie** om ons creatieve product te maken.

Hoe bouw je zo'n tweede brein? Op papier kan natuurlijk, maar veel effectiever is een note-app. Een combinatie van die twee kan ook. Een **note-app moet multimedia ondersteunen**, informeel te gebruiken zijn, niet gericht zijn op één bepaalde vorm van output en actie-georiënteerd zijn. Het voordeel van een digitale tool is dat de inhoud makkelijk te delen is, te back-uppen, en te synchroniseren met andere devices. Zo'n tool moet je helpen met herinneren, verbanden zien en creëren. Maar hoe?

Forte heeft hiervoor een methode ontwikkeld: **CODE. Dat staat voor Capture (vastleggen, maar alleen dat wat ons raakt, wat echt belangrijk is), Organiseren (op basis van nut voor een actie, voor onze doelen), Destilleren (de essentie van je aantekening eruit halen) en Expressie (gebruiken)**. Dit is het proces waarop creativiteit en innovatie gebaseerd zijn.

Capture

Verzamelen en vastleggen klinkt makkelijker dan het is. Hoe beslis je wat de moeite waard is om te bewaren als je geen idee hebt wat er in de toekomst gaat gebeuren? Nobelprijswinnaar Richard Feynman vertelde dat hij 'twaalf problemen' als filter gebruikte, en alles wat hij tegenkwam daaraan toetste. Wij kunnen ook een **selectie maken van kwesties, zowel abstracte, maatschappelijke** (hoe kan mijn branche duurzamer worden?), als **concrete, persoonlijke** kwesties (hoe begin ik met het lezen van alle boeken die ik al heb, in plaats van steeds nieuwe te kopen?) – **kwesties waar je nieuwsgierig naar bent**, en blijft, ook al verandert de nadruk of formulering.

Nu we de onderwerpen hebben, moeten we de **artikelen selecteren die we willen bewaren**. Stel, je vindt iets potentieel interessants op het internet. Maar het is erg lang, dertig minuten leestijd. Nu lezen en later nog een keer is dubbelop. Nu niet lezen en bewaren voor later is zinloos, want je weet niet of wat erin staat wel bewaar-waardig is. De truc is om te lezen en slechts paragrafen of quotes als aantekeningen te bewaren, hoogstens 10 procent van het totaal, met een link naar het artikel. Bijna alle informatiebronnen hebben een functionaliteit waarmee je stukken tekst of links naar je note-app kunt sturen. Daarnaast moet je jezelf **vier vragen stellen:**

- **Inspireert (of motiveert) het me?**
- **Is het (nu of later misschien) nuttig?**
- **Is het persoonlijk? Hier gaat het om je eigen gedachten, gevoelens en herinneringen.**
- **Is het verrassend? Bewaar niet wat je al weet!** Valt een idee in een van deze vier categorieën, stop ze dan in je tweede brein. Analyseer het niet kapot, maar beslis intuïtief.

> CAPTURE GAAT NIET OM MEER WERK DOEN, HET GAAT OM AANTEKENINGEN MAKEN VAN ERVARINGEN DIE JE HEBT WAARDOOR JE ER MEER MEE KUNT DOEN.
>
> – *Tiago Forte*

Organiseren

Je omgeving beïnvloedt je denken. Zo is er het kathedraaleffect: hoge plafonds helpen bij abstract denken. We doen veel aan de inrichting van ons huis. En net zo zouden we ook veel aandacht moeten besteden aan de inrichting van ons tweede brein, zodat het ons snel brengt wat we nodig hebben. **Dit doen we met het PARA-organiseersysteem: Projecten (waar we nú aan werken), Areas (langetermijnverantwoordelijkheden die nu belangrijk zijn, bijvoorbeeld gezondheid), Resources (interessante onderwerpen voor toekomstige projecten) en Archief (inactieve aantekeningen uit de vorige drie categorieën).** Projecten, Areas, Resources en Archief bestaan ook weer uit folders, maar maak het niet te gedetailleerd. Deze indeling gebruik je op ál je devices: notitieblok, archiefdozen, pc, telefoon, to-do-app, note-app, et cetera. Het voordeel van PARA is dat als je met iets 'nieuws' gaat beginnen, je ontdekt dat je al heel veel informatie hebt verzameld (in een folder); **je kunt gelijk aan de slag** en hebt minder de neiging om uit te stellen.

Je kunt PARA vergelijken met je keuken, met hoe je je spullen hebt georganiseerd om efficiënt te koken. Het Archief is als de vriezer: hier liggen restjes of voedsel dat je de komende maanden niet nodig hebt. Resources lijkt op de voorraadkast, daarin liggen de spullen die je in elke maaltijd wel gebruikt, zoals kruiden. In de koelkast ligt voedsel dat je redelijk snel gaat gebruiken, dit is als een Area. En Projecten zijn als de pannen die nu op je kookplaat staan. Zie je hoe handig dit is? Veel handiger dan om 'per soort voedsel' te bewaren – vruchtensap, gedroogde vruchten, vruchtenijs, vers fruit allemaal bij elkaar. Dat slaat nergens op. Je sorteert primair op gebruik, niet op onderwerp.

Destilleren

Als je iets interessants leest, komt het maar zelden voor dat je het gelijk kunt gebruiken. Maar je bent zo onder de indruk dat je denkt dat je het zéker zult onthouden. Fout. Al na een paar uur zakt het weg, en na een paar dagen heb je er geen actieve herinnering meer aan. Daarom is het zo belangrijk dat je aantekeningen maakt die precies de inzichten en ideeën van dat moment weergeven. En die ook makkelijk teruggevonden kunnen worden. Doe alsof jouw 'toekomstige zelf' de CEO is, die je **niet met lappen tekst wilt vermoeien, maar wel alle belangrijke punten wilt meedelen**. Daarvoor is de **Progressieve Samenvat Techniek ontwikkeld:**

- De eerste laag bestaat uit **je volledige aantekeningen** (10 procent van een artikel, met een link naar het volledige stuk).
- **De belangrijkste stukken tekst daaruit maak je vet**, dat is de tweede laag. Dit kun je doen in het weekeinde. Het resultaat is weer 10 tot 20 procent van de laag ervoor, die je snel kunt scannen op woorden die de aandacht trekken.
- Maar misschien is het nog best lang, en dan **bekijk je de vette tekst en pakt er weer 10 tot 20 procent of één à twee zinnen uit die de boodschap dekken: die highlight je**. Nu kost het je nog maar seconden om een tekst te scannen op het nut voor dit moment. Je kunt deze highlights ook opnemen in een samenvatting boven aan de aantekening.

Let op: dat highlighten doe je pas wanneer je weet wat het doel van de aantekening zal zijn, dus vlak voordat je een blog gaat schrijven over dat onderwerp of een ander product gaat maken. Want samenvatten kost tijd, en die wil je pas spenderen als je zeker weet dat je het gaat gebruiken.

> JE AANTEKENINGEN ZIJN NUTTELOOS ALS JE ZE IN DE TOEKOMST NIET MEER KUNT ONTCIJFEREN, OF ALS ZE ZO LANG ZIJN DAT JE HELEMAAL GEEN ZIN MEER HEBT OM ZE TE LEZEN. BEDENK DAT JE GEEN AANTEKENINGEN-MÁKER BENT, MAAR EEN AANTEKENINGEN-GÉVER, JE GEEFT JE TOEKOMSTIGE ZELF EEN BROKJE KENNIS, MAKKELIJK TE VINDEN EN TE BEGRIJPEN.
>
> – *Tiago Forte*

Expressie

Geloof je echt dat een schrijver voor een blanco pagina gaat zitten en dat er dan zomaar een boek ontstaat? Wat een onzin! Schrijvers en alle andere creatievelingen zijn altijd bezig inspiratie en ideeën te verzamelen, op een heel gestructureerde manier. Maar het uiteindelijke boek krijgt de aandacht, en het voorafgaande proces wordt ondergewaardeerd. De stukjes kennis, de bouwstenen die onderdeel zijn van dat proces, verdwijnen, omdat ze vaak alleen in ons hoofd zitten. Wat jammer, er is zoveel energie in gaan zitten! Die bouwstenen noemen **we 'tussenpakketten', en we gebruiken ons tweede brein om ze te managen. Door te focussen op die tussenpakketten verdeel je je werk in kleine stukken en kun je beter focussen, je ziet dat je vooruitgang boekt, en je kunt er feedback over vragen.**

Om ze goed te (her)gebruiken moet je ze wel eerst kunnen vinden: met search, browse, tags en… toeval. Search is het makkelijkst: je zoekt op een woord. Browsen kan goed werken als je een set PARA-folders hebt waar je in kunt zoeken. Als je je aantekeningen en tussenpakketten van tags hebt voorzien, kun je snel een overzicht per tag krijgen. Het nadeel is dat taggen heel tijdrovend is. Toeval kun je niet plannen, maar als je breed zoekt, pik je onbedoeld interessante zaken op, zie je patronen in bewaarde afbeeldingen. Maar ook de feedback van anderen kan onverwachte, nuttige ideeën geven.

Creativiteit

De CODE-methode heeft maar één doel: je tweede brein de tools geven om je eerste brein creatief te laten zijn. Een bekend patroon uit de ontwerpindustrie is **divergeren en convergeren: eerst zo breed mogelijk verzamelen en nieuwe ideeën opdoen, daarna opties elimineren, keuzes maken en naar een eindproduct toe werken**. Capture en Organiseren horen bij divergeren, Destilleren en Expressie bij convergeren. En dat laatste is moeilijk! Hoe nieuwsgieriger je bent, hoe perfectionistischer, hoe lastiger het voor je is om opties weg te strepen en je ideeën te deleten. En je wilt liefst nóg meer research doen voor de beste uitkomst. Maar zo ben je alleen maar je product aan het uitstellen.

Er zijn **drie manieren om te convergeren: een archipel van ideeën, de brug van Hemingway en de scope naar beneden bijstellen**. Bij de archipel zet je een groep ideeën en bronnen op papier, als een soort cijfertekening die je als kind maakte. Maar wel digitaal natuurlijk, zodat je kunt schuiven en doorlinken naar bronnen. Daarna ga je cijfers met elkaar verbinden, maak je een verhaal van je punten. De brug van Hemingway zorgt ervoor dat je aan het eind van je werkdag precies weet waar je de volgende dag mee verder gaat, je stopt als het ware net voor 'het einde' en maakt zo een bruggetje naar de volgende sessie. De scope naar beneden bijstellen spreekt voor zich: als het afgesproken publicatiemoment daar is, publiceer je wat je hebt. In geen geval stel je de datum uit, want dat demotiveert, en wat je wél af hebt moet je steeds weer updaten. Beter voeg je na publicatie wat extra's toe. Of je gebruikt de bouwstenen die niet af waren later voor iets anders. Tenslotte zitten die extra's in je tweede brein.

Gewoonten
Je tweede brein moet regelmatig onderhouden worden. Als het een rommeltje wordt, kun je je bouwstenen niet vinden en verlies je tijd en – erger nog – momentum. Je moet jezelf wat **gewoonten aanleren om de informatiestroom goed te managen**. Hiervoor kun je projectchecklists gebruiken, zodat je je werk standaardiseert, leert van je fouten en bouwstenen hergebruikt. Als tweede doe je wekelijkse en maandelijkse reviews, gebaseerd op Getting Things Done. Wekelijks organiseer je je losse aantekeningen, maar ook ruim je je e-mail, kalender en taken op en haal je hieruit mogelijke actiepunten en aantekeningen. Maandelijks kijk je naar je projectenlijst en Areas. Als derde leer je jezelf aan om scherper te letten op zaken die bruikbaar zijn en om die direct vast te leggen. Of om je aantekeningen beter samen te vatten. Of om bouwstenen met anderen te delen. **Je bent continu bezig de zaken in je tweede brein aan te vullen, te verbeteren en te gebruiken.**

Schaarste en overvloed
We denken dat we veel, heel veel moeten weten om succesvol te zijn. Dat klopt niet. We belasten ons brein te zwaar, geven het geen ruimte om verbanden te zien en creatief te zijn. We gaan de informatie-overvloed ook zien als iets negatiefs, terwijl het een bron van kennis is. Als je je eerste brein leert om op je tweede brein te vertrouwen, zul je merken dat je kalmer wordt en meer focus krijgt. **Je eerste brein is niet langer de manager van allerlei details, maar de CEO van je leven.**

We behandelen informatie als iets wat schaars is, en wat we dus zo veel mogelijk moeten verzamelen en consumeren, alsof er een hongerwinter aan komt. We bewaken het, delen het niet met anderen, en stel je voor dat de ideeën gestolen worden! We denken dat hoe waardevol wij zijn, afhangt van hoeveel we weten en ter plekke kunnen oplepelen. We hebben last van fomo van feitjes! Maar we realiseren ons niet dat hoeveel we ook verzamelen, het nooit genoeg zal zijn. We moeten af van deze schaarste-mindset, en naar een overvloed-mindset. **Er is genoeg informatie voor iedereen, en de informatie die jij nodig hebt, zal jou vinden.**

Samenvatting **Elly Stroo Cloeck**, accountant, projectmanager Finance en schrijver van recensies en samenvattingen van managementboeken (www.1001managementboeken.nl).

Kennis is er om gedeeld te worden. Wat is het nut anders, als het er niet is om jezelf en anderen te helpen? Kennis delen is vermenigvuldigen, het wordt **meer en rijker als je er samen mee werkt**. Je tweede brein kan ook anderen helpen.

Forte heeft een website, www.buildingasecondbrain.com, met extra informatie over PARA, tagging, digitale tools en meer.

DE TOEKOMST *is nu*

Software die onze teksten voor ons schrijft en er een mooie website van maakt – een jaar geleden was het toekomstmuziek, maar met ChatGPT is het werkelijkheid geworden. Als je alle woorden hebt weggestreept, vormen de overgebleven letters een door ChatGPT gegenereerde wijsheid. De oplossing staat op p. 160.

ALGORITME- AUTOMATISERING - BIAS - CHATBOT - CHATGPT - CONTROLE - DATA DEEPFAKES - DEEP LEARNING - GEMAK - INTERACTIE - KANSEN - MACHINE LEARNING MICROSOFT - ONDERWIJS - OPEN AI - PERSONALISATIE SUPERCOMPUTER TAALBEGRIP - TEKSTEN SCHRIJVEN - TOEKOMST - VOORSPELLINGEN

C	O	N	T	R	O	L	E	M	R	N	T	O	A	B
T	P	G	T	A	H	C	I	O	T	E	E	S	T	Z
T	O	B	T	A	H	C	IJ	N	D	S	K	E	A	K
T	O	N	D	E	R	W	IJ	S	O	N	S	E	D	A
P	E	R	S	O	N	A	L	I	S	A	T	I	E	M
K	O	M	S	S	T	T	S	M	O	K	E	O	T	E
M	A	O	D	E	E	P	L	E	A	R	N	I	N	G
A	F	S	E	K	A	F	P	E	E	D	S	R	D	E
T	T	O	B	E	I	N	T	E	R	A	C	T	I	E
G	N	I	N	R	A	E	L	E	N	I	H	C	A	M
K	A	U	T	O	M	A	T	I	S	E	R	I	N	G
S	O	A	L	G	O	R	I	T	M	E	IJ	M	E	S
T	P	I	R	G	E	B	L	A	A	T	V	I	P	S
S	U	P	E	R	C	O	M	P	U	T	E	R	O	N
U	V	O	O	R	S	P	E	L	L	I	N	G	E	N

NET ALS *in* DE FILM

Voor de meeste mensen is een conflict niet iets wat ze regelmatig meemaken, zo schrijft Patrick Lencioni in het werkboek bij *De vijf frustraties van teamwork*. En zo hoort het ook. Maar er is één situatie of arena waar conflicten zichtbaar zouden moeten zijn: vergaderingen.

Waarom zijn conflicten juist dan zo belangrijk? Omdat het gebrek aan conflicten de oorzaak is van een van de grootste problemen van vergaderingen: ze zijn saai. Vraag honderd werknemers om drie woorden te noemen om vergaderingen mee te beschrijven, en negenennegentig van hen zullen 'saai' zeggen – en waarschijnlijk ook als eerste. De vraag die we onszelf moeten stellen is dus 'Is het erg als vergaderingen saai zijn? Moeten ze dat zijn?' De antwoorden op deze vragen zijn respectievelijk 'ja' en 'nee'.

Saaie vergaderingen zijn absoluut een probleem. De uiteindelijke consequentie van saaie vergaderingen zijn slechte beslissingen, om nog maar te zwijgen van verspilde tijd. Als teamleden tijdens een vergadering hun interesse verliezen, zullen ze geen kritische meningen meer verkondigen of door anderen geuite meningen kritisch beoordelen. Bovendien komen de juiste onderwerpen waarschijnlijk niet eens aan bod, omdat mensen liever op tijd weggaan dan dat ze die inbrengen, en ze al hebben geaccepteerd dat vergaderingen hoe dan ook tijdverspilling zijn.

Maar vergaderingen zijn niet hopeloos. Teamleden kunnen zich wel betrokken voelen bij een vergadering, maar alleen als er iets op het spel staat, een conflict dat de moeite waard is om je druk over te maken. Dat kan een conflict zijn tussen het bedrijf en een concurrent. Of een conflict over de beste manier om schaarse middelen te gebruiken. Of een conflict over de beste handelwijze om aan de behoefte van klanten te voldoen. En als teamleden daar enthousiast aan deelnemen, wordt een vergadering plotseling interessant.

Hoe pak je als leider het stimuleren van gezonde conflicten tijdens vergaderingen aan? Je kijkt het af uit films. Net als een vergadering moet elke goede film een conflict hebben. Ofwel man tegen man, zoals in *Rocky*. (Waarmee ik zowel mannen als vrouwen bedoel.) Ofwel mens tegen natuur, zoal in *Jaws* of *The Perfect Storm*. Ofwel de mens tegen zichzelf, zoals John Nash die worstelt met zijn geestelijke gezondheid in *A Beautiful Mind*.

Maar een film moet meer dan alleen een conflict hebben. Hij moet het publiek ook meteen een glimp van dat conflict laten zien. Engelstalige scenarioschrijvers en regisseurs noemen dit de *hook*, en die moet tijdens de eerste tien minuten van een film zichtbaar worden. Als scenarioschrijvers of regisseurs die spannende openingspassage achterwege laten, lopen ze het risico dat mensen afhaken. En dat geldt ook voor vergaderingen.

Leiders moeten teamleden aan het begin van een vergadering of discussie een reden geven om zich betrokken te voelen. Ze moeten de nieuwsgierigheid van het team wekken, laten zien waarom de kwesties die worden besproken belangrijk zijn, en wat er op het spel staat als er slechte beslissingen worden genomen. Door dit te doen wordt iedereen direct betrokken.

Natuurlijk moeten ze vervolgens op zoek naar het conflict zelf en de kwestie actueel houden totdat deze is opgelost. Net als filmpubliek hebben mensen die hun energie en passie in een lastige kwestie investeren de behoefte om uitleg te krijgen en een oplossing te vinden. En als dat gebeurt zullen ze zich enorm voldaan en betrokken voelen.

HOUD *je* AANDACHT ERBIJ

Ben jij ook zo iemand die altijd een stapeltje boeken meeneemt op vakantie? Dan zul je misschien merken dat het zeker in de eerste vakantiedagen nog helemaal niet zo makkelijk is om echt een tijdje ongestoord te lezen. Met deze tips van productiviteitsexpert Chris Bailey help je jezelf om weer beter te focussen.

1. Leg je telefoon uit het zicht

Als je brein tijdens het lezen ook maar de geringste weerstand voelt, zal het op zoek gaan naar nieuwe dingen om op te focussen. Je telefoon bijvoorbeeld. Als je wilt focussen op dit boek, kun je je telefoon het beste uit het zicht leggen. Misschien heeft je brein even nodig om te wennen aan het feit dat je telefoon even niet een verlengstuk van je lichaam is. Maar geloof me: het loont de moeite om die aanvankelijke weerstand te overwinnen.

2. Let op je omgeving

Kijk eens omhoog en om je heen. Waar zit je dit boek te lezen? Hoe groot is de kans dat je tijdens het lezen zult worden afgeleid of gestoord? Is er misschien een plek waar je naartoe kunt en waar al die afleidingen niet zijn? Of zit je te lezen in een omgeving waarover je weinig controle hebt? In een trein of metro bijvoorbeeld? Aanpassing van je omgeving is een van de belangrijkste manieren om focus te cultiveren. Omgevingen waar je minimaal wordt onderbroken en afgeleid lenen zich optimaal voor focus. Kies als het even kan zo'n plek uit, of het nu het café om de hoek is, een stil stukje strand of een rustige kamer in je huis.

3. Maak een lijst van afleidingen

Afleidingen zullen er altijd zijn, zelfs als je een leesplek vindt in een Japanse zentuin terwijl je telefoon ver weg is. Niet alle afleidingen zijn extern; ze komen soms uit jezelf, zoals wanneer je brein je duidelijk maakt dat je nog boodschappen moet doen. Zorg dat je altijd een pen en een notitieboekje bij je hebt om elke afleiding te noteren die je brein bereikt: zaken die je moet afmaken, klusjes die je niet mag vergeten, nieuwe ideeën, enzovoort. Een lijst met afleidingen bijhouden terwijl je leest, brengt de belangrijke dingen aan het licht die zich voordoen aan je bewustzijn. Als je ze opschrijft en er zo voor zorgt dat ze je niet ontglippen, zul je beter kunnen focussen op wat je eigenlijk wilde doen.

4. Vraag je af of je dit boek wel wilt lezen

Er zijn veel dingen – inclusief boeken – die we vanzelfsprekend tot ons nemen zonder ons af te vragen of ze de moeite waard zijn. Neem even de tijd om de waarde te beoordelen van alles wat je uit gewoonte tot je neemt. Beschrijvingen van boeken, tv-programma's, podcasts en andere dingen zijn als verkooppraatjes van zaken die een beroep doen op je tijd en aandacht. Stel jezelf de vraag: zal ik na afloop tevreden zijn over deze investering van mijn tijd en aandacht? Je bent wat je eet, maar je bent ook datgene waaraan je aandacht schenkt. Aandacht, het waardevolste ingrediënt dat tot je beschikking staat om een goed leven te leiden, is eindig. Zorg er dus voor dat alles wat je consumeert je aandacht waard is.

5. Gebruik voor het lezen een beetje cafeïne

Als het niet te laat op de dag is – het duurt acht tot veertien uur voor cafeïne uit je systeem is verdwenen – zou je bij het lezen een kop koffie of thee kunnen drinken. Cafeïne is als motor van je focus van onschatbare waarde. Het versterkt je mentale en fysieke prestaties op vrijwel elke meetbare manier. Gebruik die extra energie verstandig om een belangrijke taak te verrichten of dit boek te lezen.

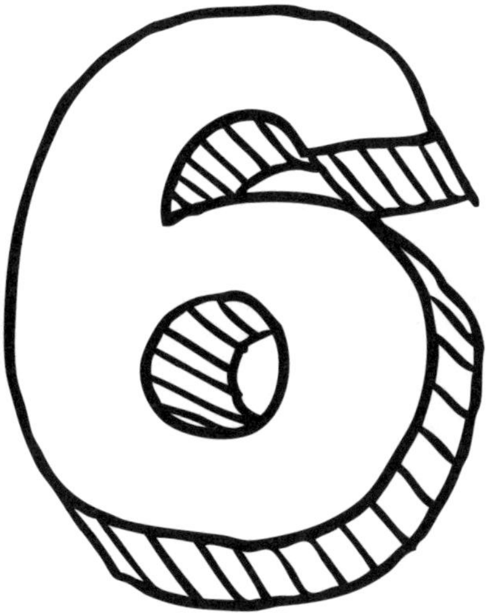

6. Gebruik een pen of markeerstift

Je kunt informatie op twee manieren consumeren: passief en actief. Probeer eens te lezen met een markeerstift of een pen in je hand zodat je tijdens het lezen aantekeningen kunt maken in het boek. Het aantal gemarkeerde pagina's en aantekeningen op de bladzijden van een boek geeft aan hoe goed je het vond. Als je klaar bent met de eerste keer lezen, ga je nog eens door het boek heen. Dan lees je alleen de gemarkeerde passages, zodat je de waardevolste ideeën en passages grondig kunt verwerken.

7. Als je merkt dat je focus verslapt…

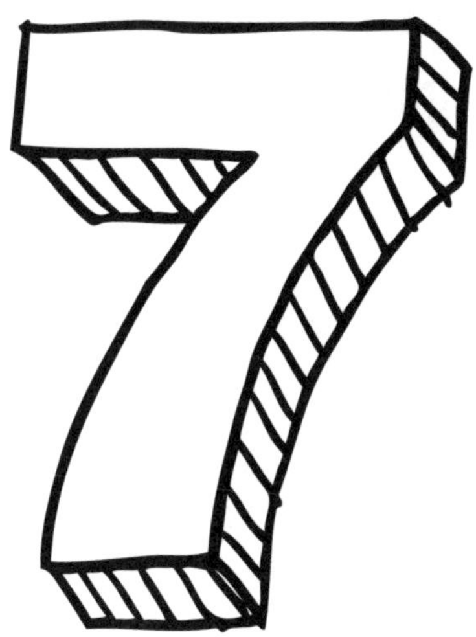

Je vermogen om te focussen is niet onbeperkt. Je kunt je aandachtsspanne verbeteren, maar het is en blijft een kwestie van tijd voordat je focus verslapt. Je brein dwaalt dan vaak af van de woorden die je leest naar de gedachten in je hoofd. Dat is de normaalste zaak van de wereld. Leg dit boek een paar minuten weg als je merkt dat je focus verslapt. Ga iets doen waar je weinig bij hoeft na te denken. Ga afwassen of naar mensen kijken of je huis opruimen. Zo laad je je aandachtsbatterij weer op. Als je focus weer scherp is, pak je met een fris hoofd het boek er weer bij. En net zoals je tijdens het lezen een lijst met afleidingen bijhoudt, moet je ook ergens de ideeën kunnen opschrijven die je te binnen schieten tijdens je korte pauze.

Zomer TEAMBUILDING

Bij de meeste bedrijven staat alles tijdens de zomervakantie op een wat lager pitje. Waarschijnlijk zitten jullie je met een klein clubje (overwegend) kinderloze collega's een beetje te vervelen op kantoor. Je kúnt die stille zomermaanden gebruiken om nu eindelijk de archiefkasten (of het bureaublad van je computer) eens uit te mesten of jezelf bij te scholen, maar je kunt je tijd ook leuker besteden.

Grijp de kans om elke dag samen iets leuks te doen om de sleur te doorbreken: ga in de lunchpauze met z'n allen een ijsje halen of even frisbeeën in het park, zet op warme dagen een opblaasbadje op het dakterras of houd een waterpistolengevecht, ga na het werk met een ploegje voetballen, hardlopen of bootcampen, en organiseer elke week een borrel of barbecue. Zorg kortom dat de achterblijvers het (minstens) net zo leuk hebben als de vakantiegangers.

GEWELDIGE DINGEN

Een ei pellen en een heel groot stuk van de schaal in zijn geheel afpellen...

Geweldig!

GEWELDIGE DINGEN

Ingepakte dozen zijn geesten.
Nadat je je spiksplinternieuwe huis hebt betrokken, spoken die kartonnen demonen maandenlang door je gangen en kamers. Ze verstoppen zich achter afvoerbuizen in de berging, sluimeren tussen de laarzen in de kast, en vallen zelfs in voor ontbrekende meubels (vinger in de lucht wie een kartonnen nachtkastje heeft gehad).

En daarom geeft het enorm veel voldoening als je eindelijk de laatste doos hebt uitgepakt. Zet de juskom in de servieskast, gooi de fotoalbums op de plank, deponeer de babykleertjes in de kledingbak. Je hebt nu je demonen van luiheid uitgedreven...

Geweldig!

WAT JE ZEGT, BEN JE ZELF

Hoe we over anderen praten, verraadt veel over hoe we naar onszelf kijken. Uit onderzoek blijkt dat hoe meer mensen geneigd zijn negatieve karaktereigenschappen of werkresultaten van anderen te benoemen, hoe groter de kans dat ze zelf worstelen met donkere emoties als depressie, narcisme of een laag zelfbeeld. Leg je de nadruk vooral op de goede kanten van andere mensen, dan duidt dat op emotionele stabiliteit en een positief gevoel over jezelf.

OVERDRAGEN EN LOSLATEN *doe je zo*

Een snelgroeiend bedrijf aansturen is niet zo eenvoudig als het klinkt. Wat jou als oprichter succesvol maakte, blijkt bij groei je grootste valkuil: je kunt niet meer alles zelf doen. Hoe zorg je dat niet alleen jijzelf, maar ook anderen het bedrijf laten groeien?

Veel ondernemers hebben een hekel aan het woord 'loslaten' en vinden het niet passend. 'Ik moet juist niet loslaten, dat zouden mijn investeerders niet eens goedvinden. Loslaten zou betekenen dat het me niks meer kan schelen, dat ik er niet meer mee bezig ben, dat ik niet meer betrokken ben.' Daar komt bij dat het loslaten en overdragen van activiteiten die je zelf doet niet zo eenvoudig is als dat het lijkt op papier. Als je daar erg goed in bent, wordt het ook nog eens niet zo gewaardeerd. Een uitstekende, inspirerende leider die een waanzinnig team opbouwt wordt vaak gezien als een mazzelaar. 'Jij hebt makkelijk praten, jij hebt gewoon een goed team.' Dat dat 'gewone' goede team veel inspanning kost om te bouwen en energiek te houden wordt vaak niet gezien. Het lijkt vanzelf te gaan. Hetzelfde geldt voor leiders die weinig conflicten veroorzaken of 'gemakkelijk' mensen achter hun visie krijgen. De vaardigheid dat je mensen meekrijgt wordt vaak gezien als iets wat je hebt of niet, iets waar geluk bij komt kijken. Gelukkig is dat niet zo. Je kunt het organiseren.

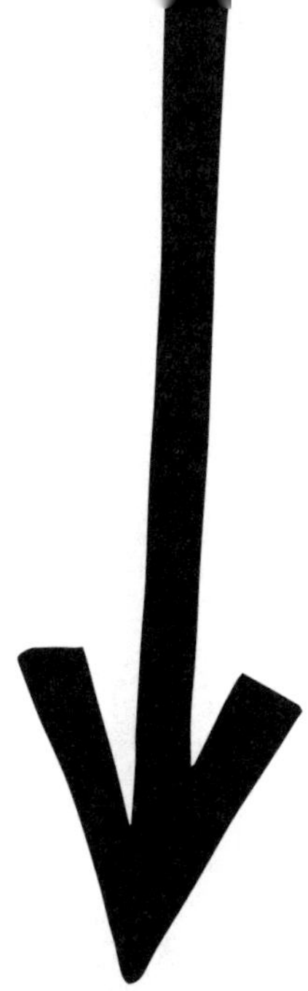

Als ondernemers zit het in ons bloed om initiatief te nemen, om iets te bedenken en te gaan doen. Maar voor de medewerkers in jouw team ziet dat er heel anders uit. Zij tasten vaak af: hoe werkt het hier? Wie doet wat en waar ligt de macht? Zolang ze niet echt verantwoordelijk zijn, pakken ze daarom vaak de verantwoordelijkheid niet. Bij verantwoordelijkheid hoort ook de bevoegdheid om besluiten te nemen. Als je niet kunt besluiten in het moment, hoe kun je dan de verantwoordelijkheid pakken?

Omdat jij de macht hebt, is het nodig dat je duidelijker bent in waar je de ruimte geeft aan anderen. Dat je echt overdraagt, hen benoemt in een functie of taak en daarbij het gevoel geeft dat je die helemaal bij hen neerlegt. Daarna communiceer je dat ook in de organisatie zodat iedereen weet dat je voor die beslissingen bij Piet of Johanna moet zijn. Dat betekent niet dat het je daarna niks meer kan schelen of dat mensen er niet meer naar kunnen vragen. Het betekent dat je de verantwoordelijkheid voor dat onderdeel overdraagt en loslaat hoe het in detail wordt uitgevoerd. Daar zijn anderen nu verantwoordelijk voor. Jouw taak verschuift nu naar het coachen en leiden van hen. Hoe? Door mensen in positie te brengen, direct feedback te geven en intolerant te zijn voor incompetentie.

1. BRENG MENSEN IN POSITIE

Als je gaat overdragen zal een ander in het begin meestal meer fouten maken dan jij. Dat geldt ook voor nieuwe leidinggevenden die in je organisatie komen. Iedere leidinggevende moet 'in positie worden gebracht'. Daarmee bedoel ik dat je niet alleen iemand benoemt en zegt: 'Jij gaat nu dit doen', maar dat je ook jouw eigen gedrag daarop aanpast. Jij laat los waar zij mee bezig zijn en zij pakken hun rol op. Als er daarna iemand komt om over een onderwerp dat je net hebt overgedragen met jou te sparren, waak je ervoor niet even 'op de positie' van jouw medewerker te gaan zitten die je net in die rol benoemd hebt.

Veel ondernemers trappen juist nu in de valkuil dat ze wel mensen benoemen en verwachten dat ze hun rol oppakken, maar zelf gewoon door de organisatie lopen alsof er weinig is overgedragen. Als je in de controlekamer van je fabriek vragen gaat stellen aan medewerkers, hebben die vaak een ondertoon van: 'Waarom doe je het zo en niet zo?' Die ondertoon zet mensen in beweging. Ze gaan reageren op jouw vragen, op jouw suggesties. Daar ben jij wellicht blij mee, maar je loopt het risico dat je jouw net nieuw benoemde leidinggevende ondermijnt. Zorg dus dat je de eerste zes maanden na een benoeming wat meer uit het zicht blijft van het team dat onder die nieuwe leider valt.

Daarbij is het wel belangrijk dat je wekelijkse check-ins hebt met de nieuwe leider om kort te bespreken hoe die zich voelt, welke uitdagingen er zijn en wat jij om je heen ziet, binnen en buiten het bedrijf: dreigende crises, ontwikkelingen op de financiële markten, gestegen of juist gedaalde prijzen bij leveranciers, alles wat impact kan hebben op het bedrijf en op het team van de nieuwe leidinggevende. Door daar met regelmaat over te praten leer je mensen ook breder kijken. Als je met duidelijke doelstellingen per kwartaal werkt, laat die doelstellingen dan wekelijks terugkomen. Hoe staan we ervoor? Wat gaat goed en vooral: waar lopen we achter? Wat kunnen we daaraan doen? Kortom: houd structureel korte overleggen van niet langer dan een halfuur waarin je door deze punten heen loopt.

Wees je er voortdurend van bewust dat jij iemand in positie moet brengen. Niet alleen door diegene te benoemen in de rol, maar ook door jouw gedrag daarna structureel aan te passen, zowel in hoe je iemand aanstuurt en betrekt als in jouw gedrag naar zijn of haar teamleden. Ik geef nu een voorbeeld over het aansturen van leidinggevenden, maar dit geldt net zo goed voor operationeel inhoudelijk werk als websites ontwerpen, mocht je dat gedaan hebben, of creatieve besluiten nemen. De aanpak is hetzelfde.

2. GEEF DIRECT FEEDBACK

Ik schreef het al: in eerste instantie doen medewerkers het werk dat jij aan hen overdraagt, voor jouw gevoel althans, minder goed dan jij. Ze doen het in elk geval vaak anders dan jij het zou doen. Als een medewerker iets minder goed of anders doet dan je had verwacht, bespreek dat meteen en maak het bespreekbaar door er een vraag over te stellen. Ik deed het altijd zo: 'Ik zie dat jij het zo doet...' Misschien is het een geniale nieuwe aanpak, misschien iets wat iemand nog moet leren, maar ga erover in gesprek. Als je dat vanaf het begin doet, heeft het ook nog niet zoveel negatieve lading. Je kunt je nog gewoon verbazen en de ergernis valt dan vaak nog wel mee.

De crux zit hem in nieuwsgierigheid en samen leren. Veel ondernemers hebben een sterke overtuiging over anderen en het helpt om dat ook bespreekbaar te maken. Jouw rol is nu om je medewerkers voortdurend te vragen naar de stappen die ze hebben gezet om tot hun besluiten en ideeën te komen. Om de gaten op te zoeken als ze niet alle aspecten hebben meegewogen. Daar leren ze meer van dan als jij zegt: 'Dit is geen goed idee en dat wel.' Probeer het gesprek in te gaan met een onderzoekende houding: hoe kunnen zij denken dat dit wel een goede aanpak of een goed idee is? Welke aannames hebben ze gedaan? Wie hebben ze gesproken?

Je doet dit niet alleen om hun te leren hoe ze eventueel beter en breder kunnen denken, je doet dit óók om te zien waar de gaten zitten in jouw manier van organiseren, in jouw processen, in jouw bedrijfsaanpak. Het kan zo zijn dat deze medewerker niet de juiste informatie tot zijn beschikking heeft, dacht dat iemand anders hierover moest beslissen of niet voldoende ervaring heeft om de 'juiste' keuze te maken. Wat kun jij daarvan leren? Probeer tegelijkertijd geïnteresseerd te zijn in wat er bij jezelf gebeurt: heb je echt interesse in hoe ze het hebben gedaan of ben je aan het controleren of ze het doen op jouw manier? Als je bezorgd bent, zeg dat dan ook gewoon. Op deze manier geef je anderen de ruimte en ben je bezig ze echt goed te maken in hun vak.

3. WEES INTOLERANT VOOR INCOMPETENTIE

Het is allemaal leuk en aardig om bezig te zijn met het beter maken van mensen, maar soms zijn de prestaties echt niet goed genoeg. En dan? Dan moet je ingrijpen.

In een snelgroeiende organisatie zul je zien dat je vaak gesprekken moet aangaan met mensen die eerst nog supergoed waren in hun rol en nu 'ineens' niet meer. De omgeving is complexer geworden, het bedrijf is veranderd, een teamlid dat gaten dichtte is weggegaan, de thuisomstandigheden zijn veranderd, de baan is veranderd: er zijn vaak meerdere redenen te noemen waardoor iemands onvermogen naar boven komt. En misschien ben jij zelf ook niet meer de beste leider in deze fase?

Start bij de eerste signalen met een open gesprek. Ik heb nog nooit meegemaakt dat iemand zelf niet ook voelde dat het niet goed ging. Dat is voor niemand leuk, maar al helemaal niet als je het zelf bent. Het voelen van je eigen onmacht, het niet goed zijn in je vak: dat voelt waardeloos en om daarmee om te kunnen gaan creëren we allerlei onzichtbare verdedigingslinies. We zijn vaak zo bang voor de consequenties dat we liever onze kop in het zand steken. Het probleem daarvan is dat het niet weggaat en de mogelijkheid om met elkaar tot een goede oplossing te komen juist afneemt naarmate je langer blijft aanmodderen.
Dat het moediger is om je onvermogen in te zien, te communiceren en vervolgens samen een alternatief te zoeken, dat moet de werknemer in kwestie verteld worden en daar kun jij, als oprichter en founder, voor zorgen. Dat is jouw rol. Hoe help je iemand hiermee? Misschien is dit iemand die op een andere plek, hopelijk in jouw bedrijf, wel heel goed kan functioneren. Als dat niet lukt, help diegene dan bij het solliciteren naar een andere baan, geef de tijd en ruimte om dat te doen. Hou iemand bij jou aan de slag op de punten die wel goed gaan, tot de overgang is geweest. Als je op tijd bent, kan dat allemaal in goed overleg.

Uit: *Scale-ups & downs. Gids je organisatie door elke fase van groei* van Wendy van Ierschot en Gerrit de Jager

VERDER LEZEN

Heb je de smaak te pakken? Meer lezen over onderwerpen die in dit boek zijn behandeld? Dan vind je deze boeken wellicht ook leuk:

De Nee-club van Linda Babcock, Brenda Peyser, Lise Vesterlund en Laurie Weingart
Hyperfocus van Chris Bailey
Invloed is je superkracht van Zoe Chance
Leven in Crescendo van Stephen R. Covey & Cynthia Covey Haller
De leeftijdloze samenleving van Elske Doets
Lef kun je leren van Egbert Edelbroek
Building a Second Brain – Tiago Forte
De voorbeeldige organisatie van Naomi Ellemers en Dick de Gilder
Waarom we mediteren van Daniel Goleman & Tsoknyi Rinpoche
Het boek van hoop van Jane Goodall & Douglas Abrams
Pak de bus van Jon Gordon
Crucial Conversations – de herziene editie, van Joseph Grenny, Kerry Patterson, Ron McMillan, Al Switzler & Emily Gregory
Maakkracht van Tabo Goudswaard en Jetske van Oosten
Het sneeuwbaleffect van Darren Hardy
Win elke discussie van Mehdi Hasan
Groeien met je bedrijf van Marjan Heemskerk
Scale-ups & downs van Wendy van Ierschot & Gerrit de Jager
De vijf frustraties van teamwork – het werkboek van Patrick Lencioni
De kracht van spijt van Daniel H. Pink
Spelen werkt van Karen Sikkema & Michiel van Eunen
Tijd tekort, tijd genoeg van Margriet Sitskoorn
Goede leiders in onzekere tijden van Janka Stoker en Harry Garretsen
Digitale gremlins van Rens van der Vorst
Wat een baas van Marthe Walter
Fuck die studieschuld van Maaike Wind

5	9	4	6	1	2	8	7	3
8	2	3	4	7	5	1	6	9
6	7	1	8	9	3	2	4	5
9	4	8	5	3	6	7	1	2
3	6	2	1	4	7	9	5	8
7	1	5	9	2	8	4	3	6
1	8	9	3	6	4	5	2	7
2	5	6	7	8	1	3	9	4
4	3	7	2	5	9	6	8	1

Robots zijn de toekomst, maar de toekomst is nu.

Bron checklist p.135: Gibson, J.W., & Tesone, D.V. (2001). Management fads: Emergence, evolution, and implications for managers. *Academy of Management Perspectives*, 15(4), 122-133.

Met dank aan alle auteurs die hun medewerking hebben verleend en teksten uit hun boek hebben bijgedragen; Elly Stroo Cloeck, Maria Heesen, Hanna Kok, Cecilia Schouten en Sandra Wouters
Vormgeving omslag en binnenwerk Adept vormgeving
Drukkerij Wilco

ISBN 9789047017219 | D/2023/0108/598 | NUR 400, 770, 800

Uitgeverij Business Contact maakt deel uit van Uitgeverij Atlas Contact
www.businesscontact.nl